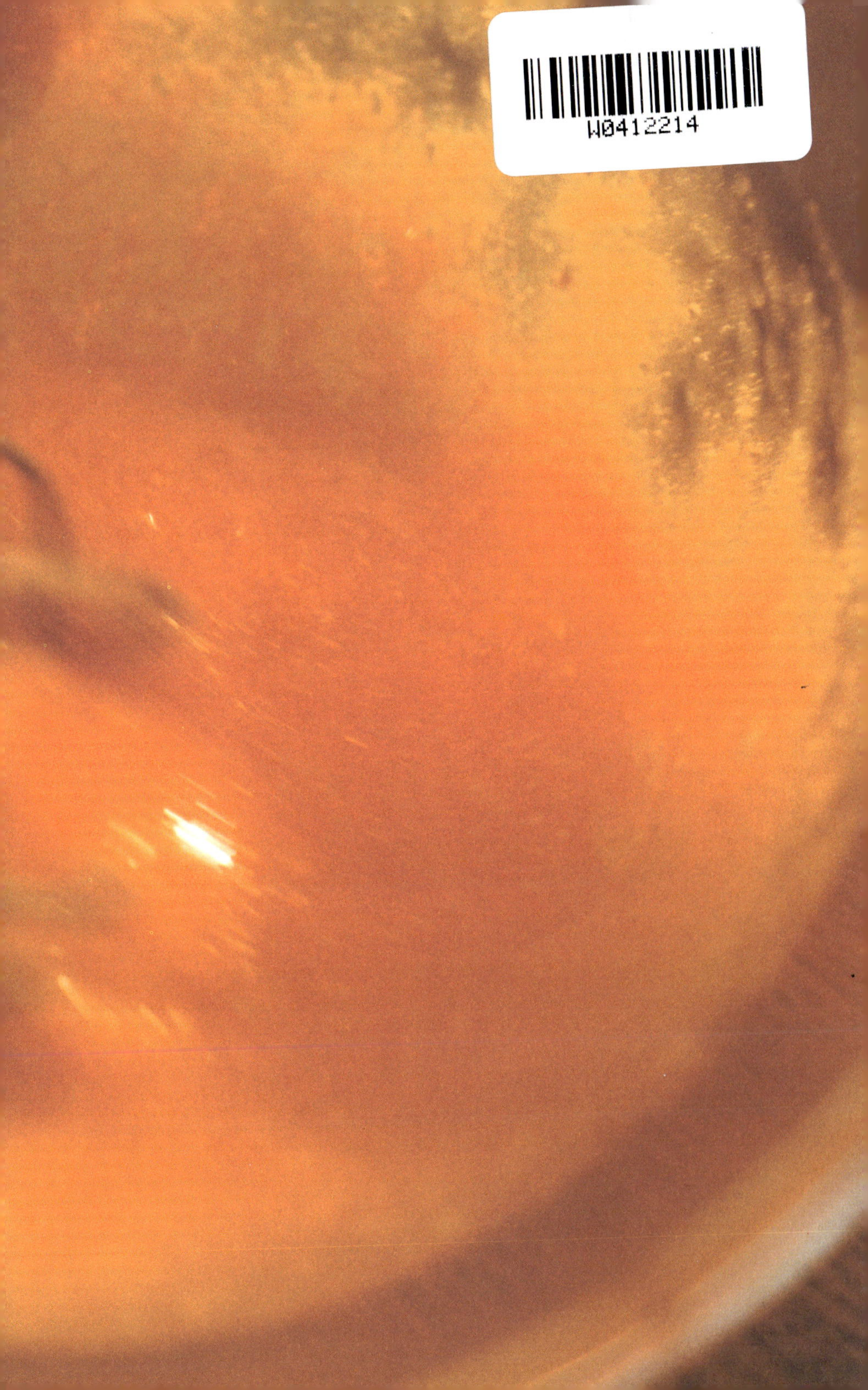

W0412214

Diabetiker-Küche

Inhalt

Diabetes mellitus – ein bisschen Theorie muss sein 7
Mit Diabetes leben 25
Die Ernährung des Diabetikers vom Typ 2 31
Von Broteinheiten und Kohlenhydratportionen 32
Die Bedeutung des Körpergewichts und der Energieaufnahme 32
Die Bedeutung von speziellen Diabetikerprodukten, Zuckeraustauschstoffen und Süßstoffen 33
Die neuen Diabetes-Richtlinien auf einen Blick 34
Kohlenhydrataustauschtabelle 35
Schmackhaft kochen, gesund leben mit Diabetes Typ 2 39
Frühstücke, Zwischen- und Spätmahlzeiten 39
Suppen und Eintöpfe 51
Salate, Vorspeisen und Snacks 61
Hauptgerichte warm und kalt 88
Desserts 141
Die 7-Tage-Diabeteskost zur Gewichtsreduzierung 147
Anhang 171
Literaturverzeichnis 171
Adressen, die weiterhelfen 172
Rezeptregister 173

Diabetes mellitus – ein bisschen Theorie muss sein

Was versteht man unter Diabetes

Diabetes heißt zunächst nichts anderes, als „Durchgang, Durchfluss“, womit in der Regel ein gesteigerter Harnfluss gemeint ist. Je nach Ursache dieses erhöhten Harnflusses unterscheidet man verschiedene Diabetesformen, die auf Seite 12 beschrieben werden. In diesem Buch steht jedoch der Diabetes mellitus im Mittelpunkt, und zwar der Typ-2-Diabetes.

Ein kurzer Streifzug durch die Geschichte

Beim Diabetes mellitus handelt es sich um ein sehr komplexes Krankheitsbild, das man jedoch schon seit der Antike kennt. So findet man in altindischen Texten zwischen 300 vor Christus und 600 nach Christus relativ sichere Hinweise auf diabetische Erkrankungen. Der Arzt Arataios von Kappadokien (ungefähr 80 bis 130 nach Christus) beschreibt die Erkrankung wie folgt: „Fleisch und Bein schmelzen im Urin zusammen. Die Kranken hören niemals auf, Flüssigkeit abzugeben. Die Flut ist nicht zu stoppen, als ob eine Wasserleitung geöffnet worden wäre. Das Leben der Kranken ist kurz, elend und schmerzvoll.“ Seiner Ansicht nach wurde Diabetes durch eine akute Magenerkrankung verursacht. Folglich setzte er mit seiner Behandlung auch auf die Reinigung des Magens und auf eine Diät. Er empfahl Milchkuren, reinen Wein, Backobst und Abführmittel.

Im Gegensatz zu Arataios vermutete Galen als Ursache für den Diabetes eine Nierenerkrankung.

Galenos von Pergamon (Galen), ein berühmter griechischer Arzt und letzter bedeutender medizinischer Autor der Antike, lebte von 129 bis 199 nach Christus. Nach dem Medizinstudium in Pergamon und Alexandria ließ er sich in Rom nieder. Galen war Leibarzt mehrerer römischer Kaiser, unter anderem von Marc Aurel. In mehr als 500 Schriften hinterließ er der Nachwelt das gesamte medizinische Wissen seiner Zeit. Die Vorstellungen des Galenos beeinflussten und beherrschten die Medizin bis in die Neuzeit deutlich. Er ging von einer dezentralisierten Kontrolle des menschlichen Körpers durch die triadische Hierarchie von Gehirn, Herz und Leber sowie die drei damit verbundenen Fluida und Kräfte aus. Die Leber ist seiner Meinung nach der Sitz des vegetativen Lebens. Dort wird auch die natürliche Kraft, die Ernährung und Wachstum des Körpers verantwortlich ist, produziert und dem venösen Blut beigeben. Das in der Leber bereitete Blut besteht nach Galen aus den vier Kardinalsäften (rotes Blut, gelbe und schwarze Galle sowie Schleim) und bedingt je nach Vorherrschaft eines der Säfte die Temperamente.

Neue Theorien über die Ursachen des Diabetes lieferte erst wieder Paracelsus, der von 1493 bis 1541 lebte. Er war bereits der festen Überzeugung, dass das Blut von Diabetikern eine andere Zusammensetzung aufweist als das gesunder Menschen.

Der englische Arzt Thomas Willis (1621 bis 1675) berichtete als erster über den honigartigen Geschmack (mellitus = mit Honig gesüßt) des Urins von diabetischen Patienten. Ungefähr 100 Jahre später gelang es dem Arzt Dobson aus dem Urin von Diabetikern eine Substanz zu isolieren, die wie Zucker schmeckte. Der Beweis, dass es sich hier wirklich um Zucker handelte, gelang nur wenige Jahre später Francis Home. Er versetzte den Urin von Diabetikern mit Hefe und brachte so den im Urin enthaltenen Zucker zur Gärung. Als die Gärung abgeschlossen war, stellt er fest, dass der süße Geschmack im Urin verschwunden war. Wieder einige Jahre später – 1835 – isolierte Felice Ambrosiani aus Urin und Blut von Diabetikern Zuckerkristalle. Um welche Art Zucker es sich hierbei handelte, untersuchten 1838 Eugene Melchior Peligot und Bouchardat in voneinander unabhängigen Forschungen. Beide stellten übereinstimmend fest, dass es Glukose war. Den Zusammenhang zwischen Diabetes und Bauchspeicheldrüse fanden Josef Mering und Oscar Minkowski. Sie entfernten 1899 einem Hund die Bauchspeicheldrüse, worauf das Tier an Diabetes erkrankte. Es hatte Zucker im Urin und musste häufig urinieren. 1921 konnten Frederick Grant Bantin und Charles Herbert Best aus der Bauchspeicheldrüse von Hunden eine Substanz isolieren – Insulin. Injizierten sie diese diabetischen Hunden, so gingen deren Blutzuckerwerte zurück. Doch erst 1955 gelang es Frederick Sanger, die chemische Struktur von Insulin aufzuklären und so die synthetische Herstellung von Insulin zu ermöglichen.

Heute verläuft die Erkrankung dank der großen medizinischen Fortschritte in den letzten Jahrzehnten bei weitem nicht mehr so dramatisch wie noch zu Beginn des 20. Jahrhunderts. Im Gegenteil: Der Typ-2-Diabetes, die am häufigsten auftretende Diabetesformen, lässt sich durch eine richtige Ernährungsweise und Abbau von Übergewicht in vielen Fällen schon sehr gut behandeln. Der Typ-1-Diabetiker ist jedoch von Beginn seiner Erkrankung auf eine medikamentöse Therapie angewiesen.

Die volkstümliche Bezeichnung für Diabetes mellitus, nämlich Zuckerkrankheit, deutet bereits auf das wichtigste Kennzeichen aller Diabetesformen (siehe Seite 13) hin: Im Blut liegt eine viel zu hohe Glukose(Zucker)-Konzentration vor. Wie es dazu kommt, welche Stoffwechselvorgänge beim Diabetes aus dem Gleichgewicht geraten sind, welche Symptome auftreten und wie häufig der Diabetes bei uns vorkommt, erfahren Sie auf den nächsten Seiten.

Diabetes mellitus – die häufigste Stoffwechselerkrankung

Heute ist der Diabetes mellitus (Typ 2, siehe Seite 14) die Stoffwechselkrankheit Nummer 1 in Deutschland. Der Grund hierfür liegt vor allem in dem Überfluss an Nahrung, die wir zu uns nehmen. In den Nachkriegsjahren, in denen äußerste Lebensmittelknappheit herrschte, war der Diabetes mellitus nahezu unbekannt. Mit dem Wirtschaftswunder der 60er Jahre füllten sich nicht nur die Geldbeutel, sondern auch die Regale im Supermarkt. Essen diente fortan nicht mehr allein dazu, den Hunger zu stillen, sondern gehörte zum gesellschaftlichen Leben. Schweinebraten und Buttercremetorte standen fast täglich auf dem Speiseplan. Die Folgen dieser Überflussernahrung ließen nicht lange auf sich warten. Die Häufigkeit des Diabetes mellitus stieg rapide an.

Nach einer Studie von Prof. Klaus-Dieter Palitzsch (Universitätsklinik Regensburg) liegt die Zahl der Diabetiker hierzulande deutlich über den bisherigen

Schätzungen – statt der bisher angenommen 5 Millionen müsse man von rund 8 Millionen Patienten ausgehen, die an der Zuckerkrankheit erkrankt sind. Untersuchungen an bundesweit 2.150 Menschen haben außerdem ergeben, dass jeder fünfte an Diabetes Erkrankte nichts von seiner Krankheit weiß. Die meisten Patienten leiden unter dem Typ-2-Diabetes (siehe Seite 14) – Tendenz steigend. Ältere Menschen sind weitaus häufiger betroffen als jüngere. Die Dunkelziffer liegt zwischen 1 und 1,5 Millionen Betroffenen, bei denen der Diabetes noch nicht erkannt wurde. Eine in den USA durchgeführte Untersuchung kam zu ähnlichen Ergebnissen: Neben 4 Prozent der Bevölkerung, bei denen Diabetes nachgewiesen wurde, fand man bei ungefähr weiteren 4 Prozent einen deutlich erhöhten Blutzuckerspiegel. Mehr als die Hälfte aller Diabetiker ist älter als 60 Jahre. In den kommenden Jahren rechnet man in den westlichen Industriestaaten mit einer Verdopplung der Erkrankungszahlen.

Die Menschen mit einem noch nicht entdeckten Diabetes mellitus bereiten erheblich Sorgen, denn bei ihnen kann die Erkrankung weiter fortschreiten und zu teilweise dramatischen gesundheitlichen Problemen führen. Dies verdeutlicht die wahre Gefahr, die vom Diabetes ausgeht: Bleibt er unerkannt, treten Spätfolgen auf (siehe Seite 27), die lebensbedrohend sein können. Wird er dagegen schon im Frühstadium diagnostiziert und adäquat behandelt (Ernährungsumstellung, viel körperliche Bewegung und/oder medikamentöse Therapie), wird die Entwicklung dieser Spätfolgen verhindert.

Der Kohlenhydratstoffwechsel

Der menschliche Organismus ist in der Lage, sich den täglichen Anforderungen gut anzupassen. Abhängig von Lebensalter und körperlicher Aktivität liefert er uns ausreichend Energie. Diese gewinnt der Organismus aus den Nahrungsmitteln, die wir zu uns nehmen.

Unsere Nahrung enthält im wesentlichen drei Hauptbestandteile:

- Kohlenhydrate,
- Fett und
- Eiweiß.

Am Ende steht der Traubenzucker

Der Körper geht mit allen Nahrungsmitteln, die wir zu uns nehmen, gleich um: er spaltet sie in ihre Einzelbausteine auf, verwertete diese sofort oder speichert sie für „Notzeiten". So werden die Kohlenhydrate, die beispielsweise in Getreideprodukten enthalten sind, im Laufe eines über mehrere Stufen ablaufenden Prozesses in Traubenzucker zerlegt. Dieser Prozess beginnt bereits im Mund, wo die im Speichel enthaltenen Enzyme die großen Kohlenhydrat-Moleküle in kleinere aufspaltet. Diese gelangen nun über den Magen in den Dünndarm, wo wieder andere Enzyme, diesmal solche des Bauchspeicheldrüsen-Sekrets, die Kohlenhydrat -Moleküle weiter zerlegen, bis schließlich der Traubenzucker, chemisch als Glukose bezeichnet, übrig bleibt. Die Glukose-Moleküle haben eine Größe, die ihnen erlaubt, durch die Dünndarmwand zu schlüpfen. Auf diesem Weg gelangen sie ins Blut, das sie in jeden Winkel des Körpers transportiert.

Ihre erste Station ist die Leber. Dort wird ein Teil der Glukose in Glykogen umgewandelt, und als solches gespeichert. Auch in den Muskeln kann Glukose als Glykogen gelagert und bei Bedarf, beispielsweise bei körperlicher Anstrengung, abgerufen werden. Die restliche Glukose erreicht über das Blut die Organe und dient in den Körperzellen zur direkten Energiegewinnung. Dieser Prozess wird als Glykolyse bezeichnet. Bei der Glykolyse unverbrauchte Glukose wird in Fett umgewandelt und in den Fettdepots gespeichert.

Insulin spielt eine Schlüsselrolle

Um in die Körperzellen eindringen zu können benötigt die Glukose Hilfe. Man kann sich dies wie folgt vorstellen: In den Zellwänden liegen viele Türen, so genannte Rezeptoren, die die Glukose nur mit Hilfe eines passenden Schlüssels öffnen kann. Dieser Schlüssel ist das Hormon Insulin. Es wird von den so genannten Inselzellen der Bauchspeicheldrüse (Pankreas) gebildet – normalerweise täglich ungefähr 2 Gramm – und entsprechend der Menge der im Blut vorhandenen Glukose ins Blut abgegeben.

Das Insulin öffnet der Glukose die Türen in die Zellen, indem es sich mit den Rezeptoren verbindet. Auf diese Weise wird dem Blut Glukose entzogen. Damit kann Insulin als einziges Hormon den Glukosespiegel im Blut senken bzw. verhindern, dass die Glukosekonzentration im Blut zu stark ansteigt, beispielsweise nach dem Essen.

Die Aufgaben des Insulins

Insulin
- öffnet die „Zelltüren" für die Glukose,
- stimuliert die für Verbrennung und Verarbeitung der Glukose notwendigen Enzyme in Leber und Muskelzellen,
- regt die in den Fettzellen zur Umwandlung von Glukose in Fett erforderlichen Enzyme an,
- hemmt den Fettabbau,
- fördert das Wachstum und
- erhöht die Eiweißsynthese.

So reguliert Insulin den Glukosespiegel

Beim gesunden Menschen liegt der Blutzuckerspiegel im nüchternen Zustand zwischen 60 und 100 Milligramm (mg) pro 100 Milliliter (dl) Blut. Mit Hilfe des Insulins versucht der Organismus, dieses Level – auch Normwert genannt – immer wieder herzustellen. Dies geschieht beispielsweise nach einer Mahlzeit, nach der sich der Blutzuckerspiegel leicht auf Werte bis zu 140 mg/dl oder mehr erhöhen kann. Dem steuert der Körper entgegen, indem er

- ❖ entweder Glukose in der Leber und in den Muskelzellen als Glykogen speichert (siehe Seite 11),
- ❖ Glukose verbraucht oder
- ❖ Glukose in Fett umwandelt und in den Fettzellen deponiert.

Für all diese Prozesse benötigt der Körper Insulin.

Genau der entgegengesetzte Mechanismus findet statt, wenn die Glukosekonzentration im Blut den Normwert unterschreitet. Der Organismus

- ❖ nimmt Glukose über die Kohlenhydrate aus der Nahrung auf, wir müssen also essen,
- ❖ steigert die Freisetzung von in der Leber als Glykogen gespeicherter Glukose,
- ❖ bildet bei länger andauernder körperlicher Belastung oder Hunger Glukose aus vorhandenen Bausteinen.

Der Diabetes mellitus

Zwar gibt es seit 1998 von der WHO (World Health Organisation) eine neue Einteilung des Diabetes mellitus (siehe

Welche Diabetes-Typen gibt es?

Wie bereits auf Seite 7 erwähnt bedeutet das Wort „Diabetes" nichts anderes als „gesteigerter Harnfluss". Abhängig von seiner Ursache unterscheidet man verschiedene Diabetes-Arten:

- ❖ Diabetes insipidus: Wasserharnruhr.
- ❖ Diabetes renalis: Nierendiabetes. Infolge einer Störung der Glukosewiederaufnahme in den Nierentubuli weisen die Betroffenen eine erhöhte Zuckerausscheidung mit dem Harn auf, wobei der Blutzuckerspiegel nicht erhöht, manchmal sogar erniedrigt ist. Es kann sich ein Diabetes mellitus entwickeln.
- ❖ Diabetes salinus renalis: Renales Salzverlustsyndrom. Aufgrund geschädigter Nieren besteht eine Störung der Salz(NaCl)-Wiederaufnahme in den Nierentubuli.
- ❖ Phosphatdiabetes: Hiermit bezeichnet man eine vererbliche Form der Rachitis.
- ❖ Diabetes mellitus.

Kasten), doch arbeitet man in Klinik und Praxis zur Zeit und wohl auch in den nächsten Jahren noch mit der „alten“ Klassifikation. Deshalb möchten auch wir uns an diese halten, Ihnen die neue jedoch keinesfalls vorenthalten.

Der Typ-1-Diabetes

Beim Diabetes mellitus unterscheidet man zwischen dem absoluten und dem relativen Insulinmangel. Liegt ersterer vor, produzieren also die Inselzellen in der Bauchspeicheldrüse kein oder deutlich zu wenig Insulin, spricht man vom Typ-1-Diabetes. Es fehlt der Glukose der Schlüssel, um die Zelltüren aufschließen zu können. Sie muss draußen in der Blutbahn bleiben. Folglich erhöht sich der Glukosespiegel im Blut. Man findet den Typ-1-Diabetes in der Regel nur bei Kindern und Jugendlichen, weshalb er früher auch als Jugend-Diabetes bezeichnet wurde. An Typ-1-Diabetes leiden ungefähr 5 Prozent aller Diabetiker.

Verursacht wird der Typ-1-Diabetes sehr wahrscheinlich durch eine Autoimmunerkrankung. Das bedeutet, dass das Abwehrsystem, das eigentlich „nur“ schädliche Eindringlinge oder kaputte Zellen vernichten soll, körpereigene, ungefährliche Strukturen angreift und eventuell sogar abtötet. Im Fall des Typ-1-Diabetes richtet sich das Abwehrsystem gegen die Insulinbildendem Zellen

Die neue WHO-Klassifikation

Nach den 1998 von der WHO erarbeiteten Empfehlungen für die Diagnose und Einteilung des Diabetes mellitus wird dieser wie folgt klassifiziert:

Der **Typ-1-Diabetes** ist durch einen absoluten Insulinmangel charakterisiert, der durch Zerstörung der Inselzellen in der Bauchspeicheldrüse verursacht wird. Unterteilt wird Typ 1 in:

- Typ 1 A, der immunologisch vermittelte Diabetes. Dabei wird der Diabetes durch eine Reaktion des körpereigenen Abwehrsystems ausgelöst.
- Typ 1 B, der idiopathisch vermittelte Diabetes. Die Stoffwechselstörung tritt selbstständig auf und ist nicht die Folge einer anderen Erkrankung.

Unter **Typ-2-Diabetes** werden alle Formen zusammengefasst, die auf einer Insulinresistenz mit relativem Insulinmangel oder sekretorischen Defekten, also Störungen des Bauchspeicheldrüse, einschließlich einer Insulinresistenz basieren. Die frühere Aufteilung in Typ 2a (normalgewichtige Diabetiker) und 2b (übergewichtige Diabetiker) ist nicht mehr aktuell.

In der Gruppe des **Typ-3-Diabetes** werden „alle anderen spezifischen Typen“ aufgeführt.

in der Bauchspeicheldrüse. Diese stellen die Insulinproduktion im Laufe der Zeit langsam ein. Zwar wird die Veranlagung, an Typ-1-Diabetes zu erkranken, vererbt, aber das Risiko, dass die Krankheit auch wirklich auftritt ist relativ gering. Sie beträgt

- 1 bis 3 Prozent, wenn die Mutter Typ-1-Diabetikerin und der Vater gesund ist,
- 5 bis 7 Prozent, wenn die umgekehrten Verhältnisse vorliegen und
- 20 bis 40 Prozent, wenn beide Elternteile Typ-1-Diabetiker sind.

Doch die erbliche Komponente allein kann die Entstehung des Typ-1-Diabetes nicht erklären. Hier müssen noch andere Faktoren eine Rolle spielen. Diskutiert werden beispielsweise die Umstellung des Säuglings von Mutter- auf Kuhmilch vor der fünften Woche, Schadstoffbelastung und Medikamente. Wissenschaftlich gesichert ist auf jeden Fall, dass Virusinfektionen einen Typ-1-Diabetes verursachen können – wenn auch selten.

Der Typ-2-Diabetes

Im Mittelpunkt dieses Buches steht der Typ-2-Diabetes, von dem etwa 90 Prozent aller Diabetiker betroffen sind. Bei ihm liegt ein relativer Insulinmangel vor: Der Körper kann den durch Überernährung immer weiter ansteigenden Insulinbedarf nicht mehr ausreichend abdecken. Schließlich geben auch beim Typ-2-Diabetes die Inselzellen wegen der andauernden Belastung durch die hohe Insulinproduktion ihre Tätigkeit auf. Dieser Diabetes-Typ tritt meist bei Menschen jenseits des 40. Lebensjahres auf und wurde deshalb früher auch als Altersdiabetes bezeichnet. 80 Prozent der Betroffenen leiden unter Übergewicht.

Schon hinsichtlich der Ursachen unterschiedet sich der Typ-2- deutlich vom Typ-1-Diabetes. Zwar können auch hier die Inselzellen schließlich die Insulinproduktion einstellen, doch produzieren sie zumindest über eine sehr lange Zeit sogar zu viel Insulin. Typ-2-Diabetiker weisen jedoch eine angeborene Unterempfindlichkeit gegenüber körpereigenem Insulin auf. Man spricht hier von einer so genannten „Insulinresistenz“, die durch Übergewicht und Bewegungsmangel noch verstärkt wird. Der Typ-2-Diabetes entwickelt sich.

Die genetische Komponente ist bei Typ-2-Diabetikern deutlich stärker ausgeprägt als bei Typ-1-Diabetikern. Sie liegt bei ungefähr

- 40 Prozent, wenn ein Elternteil an Typ-2-Diabetes erkrankt ist und bei
- 60 Prozent, wenn Mutter und Vater Typ-2-Diabetiker sind.

Doch auch beim Typ-2-Diabetes ist die erbliche Komponente nicht allein ausschlaggebend. Hinzukommen müssen noch weitere Faktoren wie Übergewicht, Bluthochdruck und Bewegungsmangel.

Der Gestationsdiabetes

Beim Gestationsdiabetes handelt es sich um eine besondere Diabetesform. Er tritt erstmals während der Schwangerschaft auf (Gestatio = Schwangerschaft). In Deutschland erkranken ungefähr 5 Prozent der schwangeren Frauen an dieser Diabetesform. Die Ursache für den Gestationsdiabetes liegt in dem während der Schwangerschaft erhöhten Insulinbedarf, den die insulinproduzierenden Zellen der Bauchspeicheldrüsen nicht decken können. Nach der Geburt, wenn sich der Insulinbedarf der Frau wieder normalisiert hat, verschwindet der Diabetes in der Regel ohne weitere Folgen.

Der Typ-2-Diabetes entsteht langsam. Der Übergang zwischen gesund und krank ist hier fließend, weshalb der Zustand auch meist nicht registriert wird. Typische Warnsignale wie sie beim Typ-1-Diabetes auftreten, beispielsweise gesteigerter Durst oder häufiges Wasserlassen, können fehlen oder nur sehr schwach ausgeprägt sein. Andere charakteristische Symptome wie Gewichtsverlust, Infektanfälligkeit oder Müdigkeit werden als typische Alterszeichen falsch gedeutet. Erst wenn die Inselzellen völlig erschöpft sind und der erhöhte Glukosespiegel nach dem Essen nicht mehr reguliert werden kann, verstärkt sich die Intensität der Symptome. Doch dann sind bereits die ersten Folgeschäden eingetreten.

Das metabolische Syndrom

Kommen die vier verschiedenen Hochrisikofaktoren

❖ Insulinresistenz und dadurch erhöhter Insulinspiegel (Hyperinsulinämie),
❖ Übergewicht,
❖ erhöhte Blutfettwerte und
❖ erhöhter Blutdruck

zusammen, bezeichnet man dies als metabolisches Syndrom. Gemeinsam können sie verschiedene Krankheiten verursachen, beispielsweise Herz-Kreislauf-Erkrankungen und damit die Lebenserwartung der Betroffenen deutlich reduzieren. Die Basis des metabolischen Syndroms bildet die Insulinresistenz (siehe Seite 14) bzw. die Hyperinsulinämie. Sie fördert die Entstehung der anderen drei Störungen und des Typ-2-Diabetes. Der Blutzuckerspiegel erhöht sich, der Körper baut vermehrt Fett auf, wodurch das Übergewicht noch stärker wird, Blutdruck und Blutfettwerte steigen an. Schließlich kommt es zu Gefäßschäden, eine Arteriosklerose kann sich entwickeln. Diese wiederum ist hauptsächlich für arterielle Durchblutungsstörungen, Herzinfarkt und Schlaganfall verantwortlich. Hier ist schnelles Handeln gefragt.

Die Symptome des Diabetes mellitus

Beide Diabetesformen können sich durch die gleichen Warnsignale und Kennzeichen bemerkbar machen. Dabei gilt jedoch, dass diese beim Typ 1 in der Regel sehr viel stärker ausgeprägt sind als bei Typ 2, wo sie unter Umständen sogar ganz fehlen können. Wenn Sie bei sich oder einem Ihrer Familienmitglieder ein oder mehrere der unten aufgeführten Symptome beobachten, sollten Sie auf jeden Fall einen Arzt aufsuchen und sich untersuchen lassen.

Starker Durst und häufiges Wasserlassen
Auffälliges und anhaltendes Durstgefühl sowie häufiges Wasserlassen treten auf, weil der Körper ab einer bestimmten Glukosekonzentration im Blut die Glukose über die Nieren und den Harn ausscheidet, was mit einem relativ hohen Flüssigkeitsverlust verbunden ist.

Hautveränderungen und Juckreiz
Schlecht heilende Wunden sind ein deutlicher Hinweis auf einen Diabetes mellitus. Auch verstärkter Juckreiz der Haut kann auf einen bestehenden Diabetes hindeuten. Durch den Wassermangel (siehe oben) trocknen Haut und Schleimhäute deutlich stärker aus als normal. Die Folge ist ein oft unerträglicher Juckreiz, der entweder den ganzen Körper oder auch nur die Schleimhäute der Geschlechtsorgane – hauptsächlich bei Frauen – betreffen kann.

Gewichtsabnahme
Die Betroffenen verlieren trotz unveränderter Ernährungsgewohnheiten und gewohnt gutem Appetit an Gewicht. Der Grund hierfür ist, dass der Körper bei unbehandeltem Diabetes viel Wasser abgibt sowie Eiweiß- und Fettreserven abbaut. Auf diese Weise verschwinden bei den Betroffenen bis zu mehrere Kilos in nur wenigen Wochen.

Eingeschränkte Leistungsfähigkeit
Aufgrund des Insulinmangels fehlt dem Körper Energie – Glukose -, die er für die ständig ablaufenden Stoffwechselprozesse benötigt. Auch andere Abläufe im Körper, für die Insulin erforderlich ist, werden behindert. In der Folge wird die Leistungsfähigkeit beeinträchtigt, man fühlt sich abgeschlagen und müde.

Infektionsanfälligkeit
Durch die Zuckerkrankheit wird das Immunsystem geschwächt. Dies wiederum ermöglicht schädlichen Krankheitserregern in den Körper einzudringen und sich dort zu vermehren. Vor allem diabetische Kinder sind häufig davon betroffen, da bei ihnen das Immunsystem noch nicht voll ausgereift ist.

Beeinträchtigung der Sehfähigkeit
Durch den erhöhten Glukosespiegel im Blut wird auch der Stoffwechsel der Augenlinse erheblich gestört. Sie nimmt deutlich mehr Flüssigkeit auf, was eine Linsentrübung zur Folge hat. Der Betroffene wird kurzsichtig.

Selbstkontrolle bietet Sicherheit

Der Diabetiker ist hinsichtlich der Kontrolle seines Blutzuckerwertes nicht nur auf den Arzt angewiesen. Er selbst kann zu Hause und auch unterwegs feststellen, wie hoch die Glukosekonzentration im Blut ist und seine Medikation bzw. seine Nahrungsaufnahme danach richten. Diese Selbstkontrolle spielt eine sehr wichtige Rolle, denn ohne sie ist eine optimale Einstellung nicht möglich. Untersuchungen haben gezeigt, dass Patienten, die über ihre aktuelle Stoffwechsellage immer auf dem laufenden sind und die Selbstkontrolleverfahren beherrschen, selbstbewusster und sicherer mit ihrer Erkrankung umgehen. Sie können so Stoffwechselschwankungen, verursacht beispielsweise durch körperliche Bewegung oder Nahrungszufuhr, schnell erfassen und ihnen rasch entgegenwirken.

Der Blutzuckerwert
Bei der Selbstkontrolle des Blutzuckers handelt es sich um ein aussagekräftiges und einfach durchzuführendes Verfahren, das aus der Behandlung des Diabetikers heute nicht mehr wegzudenken ist. Sie eignet sich sowohl für den Typ-1- als auch den Typ-2-Diabetiker. Es genügt nur ein Tropfen Kapillarblut, der in der Regel mit Hilfe einer Stechhilfe oder einer Lanzette aus der Fingerkuppe entnommen wird. Der Blutstropfen wird auf einen Glukosestreifen gegeben, der dann in das Lesegerät eingeschoben wird. Schon nach wenigen Sekunden gibt das Gerät die Blutzuckerkonzentration an.

Schon bald sollen Blutzuckermessgeräte auf den Markt kommen, die ohne Blut auskommen. Ein Lichtstab misst den Glukosegehalt im Blut, indem man ihn einfach an den Finger hält. Auf ein solches Gerät warten wohl alle Diabetiker, denn das lästige Pieksen würde endlich wegfallen.

Insulinpflichtige Typ-1-Diabetiker mit stabiler Stoffwechsellage sollten ihren Blutzucker

- nüchtern vor dem Frühstück,
- vor dem Mittagessen,
- vor dem Abendessen und
- vor dem Schlafengehen.

kontrollieren.

Außerdem sollten alle Diabetiker die Glukosekonzentration im Blut messen:

Blutzuckerwerte bei Gesunden und Diabetikern

	Gesunde	Diabetiker
Nüchternwert	60 bis 100 mg/dl	über 120 mg/dl
1 Stunde nach Essen	bis 140 mg/dl	über 200 mg/d

- vor körperlichen Aktivitäten und Anstrengungen,
- bei Infektionserkrankungen, die mit Fieber einhergehen,
- in Stresssituationen,
- vor längeren Autofahrten und
- bei Unwohlsein.

Bei Stoffwechselgesunden liegt der nüchtern gemessene Blutzuckerwert zwischen 60 und 100 mg/dl. Nach einem durchschnittlichen Essen steigt er auf bis zu 140 mg/dl. Die Nierenschwelle (siehe Seite 28) liegt bei ungefähr 180 mg/dl. Ab diesem Wert können die Nieren die Glukose nicht mehr ausfiltern; sie wird mit dem Urin ausgeschieden und kann dann nachgewiesen werden. Von einer Unterzuckerung spricht man bei Werten unter 60 mg/dl.

Als Grenzbereich wird ein Nüchternglukosewert von 100 bis 120 mg/dl angesehen. Liegen die Konzentrationen bei mehreren Messungen über 120 mg/dl, so leidet der Betroffene an Diabetes mellitus.

Diabetiker sollten die Messergebnisse, die sie im Ablauf des Tages erhalten, immer in ein Buch eintragen, sozusagen ein Blutzucker-Tagebuch führen. So können sie die Entwicklung des Blutzuckerspiegels über einen Tag und auch über einen längeren Zeitraum verfolgen.

Bestimmung des Urinzuckers

Die Untersuchung des Urins auf Zucker ergänzt den Blutzuckertest. Normalerweise findet man im Urin keinen Zucker. Steigt nun Aufgrund einer gestörten Stoffwechsellage der Glukosespiegel im Blut über eine kritische Grenze, die so genannte Nierenschwelle, wird Zucker mit dem Urin ausgeschieden. Heute erhält man Teststreifen zur Kontrolle des Urins in der Apotheke. Das Testergebnis ist bei allen auf dem Markt befindlichen Teststreifen an einem Farbfeld abzulesen, das sich nach dem Eintauchen in den Harn verfärben kann und nach einer bestimmten Zeit abgelesen und bewertet wird. Als Vergleich dient einer vom Hersteller der Teststreifen vorgegebenen Farbskala. Ein Wert bis 150 mg/l gilt als normal. Der Teststreifen verändert dann seine Farbe nicht.

Der Urinzuckertest sollte bei Diabetikern zur Routinekontrolle gehören. Er gibt Aufschluss über die medikamentöse Einstellung.

Wenn der Diabetes entgleist

Vor allem bei einem unentdeckten Diabetes, aber auch bei bereits behandelten Diabetikern, die beispielsweise eine Insulininjektion vergessen bzw. zu viel Insulin injiziert haben, kann der Blutzuckerspiegel völlig durcheinander geraten. Die Folgen können unter Umständen lebensbedrohend sein.

Die Hyperglykämie

Von einer Hyperglykämie oder einer Überzuckerung spricht man, wenn die Glukosekonzentration im Blut die Schwelle von 180 mg/dl überschreitet, Glukose in den Urin übertritt und mit diesem ausgeschieden wird. Außerdem können sich die so genannten Ketonkörper bilden, die indirekt das Blut übersäuern und den für manche starke Diabetiker typischen Acetongeruch verursachen. Dieser Zustand kann beispielsweise bei insulinpflichtigen Diabetikern nach einem extrem kohlenhydratreichen Mahl (Nudeln und Torte etc.) eintreten. Die Überzuckerung stellt eine dramatische Entgleisung des Stoffwechsels dar und kann im diabetischen Koma enden. Deshalb muss sofort ärztliche Hilfe gesucht werden.

Abhängig von der Höhe der Glukosekonzentration im Blut treten folgende Symptome auf:

- ❖ Durst, häufiges Wasserlassen sowie Abgeschlagenheit und Müdigkeit deuten auf einen zu hohen Blutzuckerspiegel hin.
- ❖ Ungewollte Gewichtsreduktion, beeinträchtigte Wundheilung, Sehstörungen, Juckreiz sowie Wadenkrämpfe und Nervenschmerzen in den Beinen weisen auf eine Diabetesentgleisung hin.

Das diabetische Koma

Das diabetische Koma ist die schlimmste Folge der Überzuckerung. Aufgrund der dramatischen Überhöhung des Glukosespiegels im Blut ändern sich die normalen Stoffwechselprozesse im Körper. Das diabetische Koma beginnt mit Übelkeit und Erbrechen sowie Bauchschmerzen. Der Betroffene atmet tief und schwer, sein Atem riecht nach Azeton. Die unterschiedlichen Tests (siehe Seite 17ff.) zeigen einen Glukosewert über 250 mg/dl, Glukose und Azeton im Urin. Der Patient kann in eine tiefe Bewusstlosigkeit fallen, die unbehandelt zum Tode führt, was übrigens früher noch relativ häufig vorkam. Ärztliche Hilfe ist hier unbedingt notwendig, d.h. bei Verdacht auf ein diabetisches Koma muss sofort der Notarzt gerufen oder der Patient ins Krankenhaus gebracht werden.

Die Hypoglykämie

Doch nicht nur ein extrem erhöhter Blutzuckerwert, sondern auch eine deutlich zu geringe Glukosekonzentration im Blut gefährdet den Diabetiker. Sinkt der Blutzuckerspiegel unter 50 mg/dl ab, spricht man von einer Hypoglykämie oder einer Unterzuckerung. Die Organe werden dann nicht mehr ausreichend mit Glukose versorgt. Betroffen hiervon sind in der Regel die insulinpflichtigen Diabetiker. Verursacht wird eine Hypoglykämie hauptsächlich durch Erbrechen, Durchfall, Weglassen einer Mahlzeit bzw. zu geringe Kohlenhydratmenge bei gleich bleibender Insulindosis, starke körperliche Belastung, zu hohe Dosis von Insulin oder anderen Blutzuckersenkenden Medikamenten.

Zwar kündigt sich eine Hypoglykämie meist durch bestimmte Symptome (siehe Kasten) an, doch können diese Warnsignale bei langem Krankheitsverlauf schwächer ausgeprägt sein oder sogar ganz fehlen.

Wenn Sie bei sich oder einem Familienmitglied mehrere dieser Warnsignale bemerken, sollten Sie sofort einen Blutzuckertest durchführen und sofort anschließend Kohlenhydrate, beispielsweise Traubenzucker, Fruchtsaft oder eine Banane, essen. Es ist empfehlenswert, solche so genannten „Notfall-Broteinheiten“ immer bei sich zu führen. Warten Sie mit körperlichen Aktivitäten, bis Sie sich wieder besser fühlen.

Diese Warnzeichen sollten unbedingt ernst genommen werden. Wenn nicht, sackt der Glukosespiegel im Blut noch weiter ab, was letztendlich zur Bewusstlosigkeit führen kann. Dieser lebensbedrohende Zustand wird auch als Insulin- oder hypoglykämischer Schock bezeichnet und erfordert unbedingt sofortiges ärztliches Eingreifen.

Folgende Symptome deuten auf eine Hypoglykämie hin:

- Hungergefühl,
- Zittern,
- Blasse Haut,
- Kalter Schweiß,
- Kopfschmerzen,
- Wackeliger Gang,
- Sprach- und/oder Verhaltensstörungen,
- Verschwommenes Sehen

Die Behandlung des Typ-2-Diabetes

Die Behandlung des Typ-2-Diabetes erfolgt nach einem Stufenplan.

Bewegung und Gewichtsabnahme
An erster Stelle stehen hier körperliche Aktivität und Gewichtsabnahme. In Verbindung mit einer gesunden Ernährung lässt sich auf diese Weise in vielen Fällen der Blutzuckerwert normalisieren.

Orale Antidiabetika
Lässt sich der Patient nicht motivieren oder führen die Maßnahmen der ersten Stufe aus anderen Gründen nicht zum gewünschten Erfolg, setzt die medikamentöse Therapie ein. Anfänglich werden oral einzunehmende Medikamente, so genannte orale Antidiabetika, verwendet. Dabei handelt es sich um Medikamente, die auf verschiedene Weise den Blutzuckerspiegel wieder normalisieren. Welches orale Antidiabetika der Arzt verschreibt, hängt von den individuellen Gegebenheiten ab, beispielsweise von Alter, Gewicht, Begleiterkrankungen etc. Zu diesen Medikamenten gehören die so genannten Resorptionsverzögerer, Sulfonylharnstoffe, Biguanide und Insulinsensitizer.

<u>Resorptionsverzögerer:</u> Sie verzögern die Aufnahme (Resorption) von Glukose aus dem Darm in das Blut, indem sie das für die Spaltung der Kohlenhydrate notwendige Enzym Alpha-Glukosidase im Darm hemmen. Dadurch werden die Kohlenhydrate deutlich langsamer in Glukose umgewandelt. Es gelangt weniger Glukose in die Blutbahn, das dann von Insulin leichter in die Zellen geschleust werden kann. Um Blutzuckerspitzen nach dem Essen zu verhindern, müssen Resorptionsverzögerer zu den Mahlzeiten eingenommen werden. In verschiedenen klinischen Studien zeigte sich, dass Resorptionsverzögerer die Glukosekonzentration im Blut um 40 bis 60 mg/dl reduziert. Ein Beispiel für diese Medikamentengruppe ist der so genannte Glucosidasehemmer Acarbose (Glucobay)
<u>Biguanide:</u> Sie hemmen ebenfalls die Zuckeraufnahme. Außerdem senken sie den Blutzucker, indem sie die Glukoseaufnahme in die Körperzellen fördern und die Neubildung von Glukose in der Leber drosseln. Darüber hinaus beeinflussen sie den Fettstoffwechsel positiv. Aufgrund ihrer Wirkweise eignen sich die Biguanide vor allem für übergewichtige Typ-2-Diabetiker. Sie senken den Blutzuckerwert nach dem Essen um 50 bis 70 mg/dl. Der einzige bei uns zugelassene Vertreter der Biguanide ist das Metformin (Glucophage®).

Sulfonylharnstoffe: Diese Substanzen regen die noch funktionsfähigen Zellen der Bauchspeicheldrüse zur Produktion von Insulin an. Die Sulfonylharnstoffe senken den erhöhten Blutzucker sehr effektiv, können dadurch aber auch zur gefährlichen Hypoglykämie (siehe Seite 20) führen. Aufgrund ihrer Wirkweise eignen sich Sulfonylharnstoffe nur dann, wenn die Insulinproduzierenden Zellen in der Bauchspeicheldrüse noch nicht völlig erschöpft sind. Typische Vertreter der Sulfonylharnstoffe sind Glibenclamid (z.B. Euglucon®) und Glimepirid (Amaryl®)

Insulin-ähnliche Medikamente und Insulin

Führt die Behandlung mit diesen oralen Präparaten – möglicherweise auch mit Kombinationen der verschiedenen Substanzen – nicht zum gewünschten Erfolg, werden Insulin oder Insulin-ähnliche Medikamente eingesetzt.

Insulin gibt es in vielen Zubereitungsformen mit unterschiedlich langer Wirkungsdauer. Es wird mehrmals täglich unter die Haut (subkutan) injiziert. Hilfsmittel wie der Insulin-Stift (Insulin-Pen) erleichtern die Injektion.

Insulinsensitizer: Eine neue Klasse von Medikamenten wirkt hauptsächlich auf die Zellen von Muskeln, Leber und Fettgewebe, in die der Blutzucker aufgenommen werden soll. Sie erhöhen die Aufnahme von Glukose in das Gewebe. Dazu wird nicht mehr Insulin benötigt. Auf diese Weise wird die Empfindlichkeit der Zellen für Insulin wieder gesteigert und die Insulinresistenz (siehe Seite 14) in der Folge verringert. Zu den Insulinsensitizern gehören die Substanzen Rosiglitazon und Pioglitazon, die jedoch bei uns derzeit noch nicht auf dem Markt sind.

Insulin wird beim Typ-2-Diabetes eingesetzt, wenn der Glukosespiegel mit allen anderen Behandlungsmethoden nicht ausreichend kontrolliert werden kann. Im allgemeinen ist die Insulintherapie mit einer leichten Gewichtszunahme verbunden. Ihre gefährlichste Nebenwirkung ist die Auslösung schwerer Hypoglykämien.

Man unterscheidet hier die:

- Konventionelle Insulintherapie: Der Tagesbedarf an Insulin wird bei der herkömmlichen (konventionellen) Insulintherapie mit zwei Mischinsulin-Injektionen (morgens und abends) durchgeführt. Die Nahrungsmenge und die körperliche Aktivität werden darauf abgestimmt.
- Intensivierte Insulintherapie: Sie wird nach dem Basis-Bolus-Konzept durchgeführt und besteht aus dem nahrungsunabhängigen Grundbedarf (Basalinsulin, meist ein Langzeitinsulin) und dem zusätzlich erforderlichen Insulin (Bolusinsulin,

ein schnellwirkendes Normalinsulin). Letzteres muss vor dem Essen injiziert werden. Berücksichtigt für die Berechnung der notwendigen Bolusinsulin-Menge werden die geplante Nahrungsmenge und die körperliche Aktivität. Durch die intensivierte Behandlung wird der Blutzucker zwar besser eingestellt, sie ist für den Patienten aber aufwendiger, weil er den Blutzucker häufiger messen und häufiger Insulin spritzen muss. Deshalb haben besonders ältere Diabetiker mit dieser Behandlungsmethode Probleme.

- Insulinpumpentherapie: Eine weitere Form der Insulingabe stellt die Einpflanzung einer kleinen Pumpe unter die Haut dar. Diese Pumpe gibt die jeweils benötigte Insulinmenge automatisch in das Blut ab.

Alternativ kann die Pumpe auch direkt am Körper getragen werden. Das Insulin gelangt dann über einen Schlauch, einen so genannten Katheter in den Körper.

Gentechnisch hergestelltes Insulin

Neben den herkömmlichen Insulinen mit unterschiedlich langer Wirkdauer (Normal-, Verzögerungs-, Langzeit- und Mischinsuline) werden auch gentechnisch hergestellte Insulin-ähnliche (Insulin-Analoga) Medikamente eingesetzt. Sie wirken wie die Normalinsuline, ihre Wirkung tritt jedoch rascher ein, wodurch sie für den Diabetiker flexibler zu handhaben sind. Ein Vertreter dieser Gruppe ist Insulin Lispro (Humalog).

Mit Diabetes leben

Diabetes und Sport

Gesunde Ernährung und medikamentöse Behandlung bilden die beiden ersten Säulen, auf denen eine erfolgreiche Behandlung des Diabetes mellitus ruht. Die dritte Säule steht für körperliche Aktivität. Das bedeutet jedoch nicht, dass Sie von nun an täglich Gewichte stemmen oder für den Marathonlauf trainieren müssen. Auch für der sportliche Betätigung gilt „mäßig, aber regelmäßig".

Doch ganz gleich, für welche Sportart man sich entscheidet, ob für Schwimmen, Rad fahren, Wandern, die Diabetes-Therapie muss dementsprechend angepasst werden. Und dabei darf man nicht vergessen, dass auch Gartenarbeit oder ein ausgedehnter Spaziergang körperliche Belastung darstellt und demzufolge eine Angleichung der medikamentösen Behandlung erfordert. Sport ist nicht gleich Sport und dasselbe Ausmaß körperlicher Anstrengung bedeutet für jeden Diabetiker nicht auch dieselbe Belastung. Deshalb gibt es auch keine Pauschalrezepte nach dem Motto „Bei zwei Stunden Sport muss man vorher so und soviel Broteinheiten essen bzw. so und soviel Einheiten Insulin weniger spitzen". Hier spielen viele andere Faktoren eine Rolle, beispielsweise:

- ❖ Art, Dauer und Intensität der körperlichen Betätigung,
- ❖ Art und Dosis des injizierten Insulins,
- ❖ Art und Menge der verzehrten Kohlenhydrate,
- ❖ Tageszeit,
- ❖ allgemeine körperliche Verfassung,
- ❖ Glukose-Ausgangswert.

Generell gilt, dass der Körper bei Belastung mehr Energie benötigt. Deswegen werden die Depots, in denen die Glukose als Glykogen gespeichert wird, bei sportlicher Betätigung zumindest teilweise entleert, um diesen erhöhten Energiebedarf zu decken. Im Ruhezustand werden die Speicher dann wieder aufgefüllt. Dazu wird dem Blut Glukose entzogen und als Glykogen in den Muskelspeichern eingelagert. Folglich sinkt die Glukosekonzentration im Blut. Dieser Prozess kann abhängig von Art, Dauer und Intensität des körperlichen Belastung über mehrere Stunden, ja sogar Tage ablaufen. Deshalb muss auch nach Abschluss der sportlichen Aktivitäten der Blutzucker über einen längeren Zeitraum noch gewissenhafter kontrolliert werden als unter „normalen" Bedingungen.

Günstige und ungüstige Sportarten für Typ-2-Diabetiker

Günstig	Golfen Gymnastik Joggen Radfahren Schwimmen Skifahren Skilanglauf Strammes Spazierengehen Tanzen Tennis Wandern Wassergymnastik	Diese Sportarten führen zu einer ausgeglichenen körperliche Belastung, die langsam gesteigert werden kann. Ausdauersport.
Bedingt günstig	Leichtathletik Sprints	Diese Sportarten beeinflussen den Stoffwechsel kaum.
Ungünstig	Kampfsportarten Kraftsport Marathon Ringen Tauchen Triathlon	Die bei diesen Sportarten erforderliche Pressatmung ist gefährlich, vor allem bei erhöhtem Augeninnendruck und Retinopathie.

Jeder Diabetiker muss sozusagen im Eigenversuch herausfinden, wie er seine Therapie individuell seinen sportlichen Bedingungen am besten anpasst. Wichtig ist, die Folgen einer falschen Anpassung – ein leicht erhöhter Blutzuckerwert bei zu heftiger Reduktion der Insulindosis oder Erhöhung der Kohlenhydratmenge bzw. eine eventuell schwere Hypoglykämie durch zu geringe Verringerung der Insulindosis oder Erhöhung der Kohlenhydratmenge – zu berücksichtigen. Eine leichte Hyperglykämie über einen nur kurzen Zeitraum kann relativ schnell durch eine rasche Insulininjektion behoben werden. Die Hypoglykämie kann dagegen wie bereits auf Seite 20 beschrieben zu dramatischen Ereignisse führen. Um eventuellen Hypoglykämien während der körperlichen Aktivität vorzubeugen, sollte man immer eine Notfall-Broteinheit (siehe

Seite 20) mit sich führen. Bei Anzeichen einer Hypoglykämie muss der Sport unbedingt sofort unterbrochen werden.

Es gilt folgende Empfehlung
Man sollte lieber die Insulindosis etwas stärker reduzieren als die Gefahr einer Unterzuckerung einzugehen. Ein über kurze Zeit leicht erhöhter Glukosewert ist rasch gesenkt.

Diabetes mellitus und die Folgeschäden

Obwohl der Diabetes mellitus – egal ob Typ 1 oder Typ 2 – bei korrekter medikamentöser Einstellung, gesunder Ernährung und körperlicher Betätigung heute gut beherrschbar ist, können sich auf lange Sicht Folgeschäden einstellen. Ungesunde Lebensführung und schlechte medikamentöse Therapie fördern die Entwicklung der Folgeprobleme. Deshalb kann man nicht oft genug darauf hinweisen, dass das Leben mit Diabetes ein gewisses Maß an Selbstverantwortung erfordert. Dazu gehört eben auch, den Blutzucker regelmäßig zu kontrollieren, sich gesund zu ernähren und zu bewegen sowie die vom Arzt verschriebene medikamentöse Therapie zu befolgen.

Ein zu hoher Blutzuckerspiegel schädigt im Laufe der Jahre die Blutgefäße, wodurch die Durchblutung erheblich beeinträchtigt wird. Die Folgen dieser Mangeldurchblutung zeigen sich vor allen an Extremitäten, Nieren und Augen als Neuropathie, Nephropathie und Retinopathie, die im folgenden dargestellt werden.

Die Neuropathie

Von einer Neuropathie spricht man, wenn die peripheren Nerven in Armen und Beinen geschädigt werden. Sie entwickelt sich bei ungefähr 20 bis 30 Prozent aller Diabetiker. Die Ursachen einer Neuropathie sind noch nicht endgültig geklärt, doch geht man davon aus, dass die kleinsten Blutgefäße, die die Nerven versorgen, schlechter durchblutet werden und die Nerven folglich nicht mehr ausreichend versorgt werden können. Die wohl häufigste Folge der Neuropathie ist der diabetische Fuß, der eine eigenständige Erkrankung darstellt. Erhebungen in den USA haben ergeben, dass 50 Prozent aller Beinamputationen Diabetiker betreffen. Amputationen sind bei Diabetikern ungefähr 15-mal häufiger erforderlich als bei Nichtdiabetikern gleichen Alters. Dies bedeutet, dass jährlich etwa sechs von 1000 Diabetikern amputiert werden. Nach Meinung aller Diabetologen ließen sich über 50 Prozent der Beinamputationen durch intensivere Bekämpfung der Risikofaktoren und bessere Fußpflege verhindern.

Der neuropathische diabetische Fuß – er macht ca. 70 Prozent aller Fälle aus – ist warm, trocken, gefühllos und meist schmerzfrei. Durch die Mangelversorgung der Nerven ist das Schmerzempfinden des Patienten gestört, denn die Nerven melden kleine Verletzungen, aber auch größere Geschwüre an der Fußsohle nicht mehr an das Gehirn weiter. Um so wichtiger ist die gründliche Fußinspektion, die täglich durchgeführt werden sollte. Hierbei müssen vor allem auch die Zehenzwischenräume genau auf Verletzungen hin untersucht werden. Denn werden die Verletzungen zu spät entdeckt, droht die Amputation.

Der diabetische Fuß kann aber auch auf Durchblutungsstörungen der Arterien beruhen. Er ist dann kalt, weist bläuliche Flecken auf und neigt zu Infektionen. Die Wundheilung ist deutlich beeinträchtigt. Die Haut des Fußes ist sehr empfindlich. Beim Gehen treten Krämpfe oder Schmerzen auf, die vergehen, wenn man stehen bleibt. Im schlimmsten Fall kann Gewebe absterben (Nekrose oder Gangrän). Der Grund für diese Beschwerden sind Durchblutungsstörungen der peripheren Arterien. Auch hier gilt, dass Verletzungen ärztlich behandelt werden sollten.

Die Nephropathie

Unter einer diabetischen Nephropathie versteht man die vermehrte Ausscheidung von Eiweißen, beispielsweise Albumin, mit dem Urin. Im weiteren Verlauf kann sich die Nierenfunktion weiter verschlechtern. Schließlich ist die Niere nicht mehr in der Lage, die harnpflichtigen Substanzen auszuscheiden. In diesem Stadium kann nur noch die Dialyse (künstliche Niere) oder eine Nierentransplantation helfen.

Die Entwicklung einer diabetischen Nephropathie hängt eng mit der Blutzucker- und Blutdruckeinstellung zusammen. Durch eine optimale Einstellung lässt sich das Risiko, zusätzlich an einer Nephropathie zu erkranken, um 60 Prozent verringern. In den letzten Jahren wurde der Nachweis von Eiweiß im Urin immer weiter verfeinert. Mit dem so genannten Microalbuminurietest kann man heute sogar bereits zu Hause feststellen, ob die so genannten „Nierenschranke“ überschritten ist, die Niere also nicht mehr richtig arbeitet. Zusammen mit dem Macroalbuminurietest, hier werden größere Teilchen im Urin nachgewiesen, liefert er dem Arzt ausreichend Informationen über die Funktionstüchtigkeit der Niere. Sind die Ergebnisse beider Tests positiv, kann er bereits sehr früh die erforderlichen Behandlungsschritte einleiten und auf diese Weise eine weitere Schädigung der Niere verhindern.

Tipps für die tägliche Fußpflege

- Am besten kontrollieren Sie Ihre Füße abends. Dazu benötigen Sie jedoch gute Lichtverhältnisse und einen Vergrößerungsspiegel.
- Achten Sie bei der Untersuchung ihrer Füße vor allem auf Schwellungen, Rötungen, Druckstellen, Hornhautschwielen, Einrisse, Blasen, Hühneraugen, eingewachsenen Nagelecken, verdickte Fußnägel sowie auf Symptome einer Fußpilzinfektion und besonders auf Verletzungen aller Art. Vergessen Sie die Zehenzwischenräume nicht.
- Waschen Sie Ihre Füße täglich. Verwenden Sie dazu eine milde, rückfettende Seife und einen weichen Waschlappen.
- Die Wassertemperatur bei einem Fußbad darf 37 Grad Celsius nicht übersteigen. Das Fußbad sollte nicht länger als drei Minuten dauern, da sonst die Haut zu sehr aufweicht.
- Trocknen Sie Ihre Füße nach dem Waschen oder nach dem Fußbad sehr gründlich ab. Cremen Sie trockene, spröde oder rissige Stellen mit einer Fettcreme ein, sparen Sie dabei jedoch den Bereich zwischen den Zehen aus.
- Verwenden Sie keine Puder, Sprays oder Deodoranzien gegen leicht schwitzende Füße.
- Die Fußnägel sollten nicht mit einer Schere geschnitten, sondern besser gefeilt werden. Dazu eignen sich am besten Sand- oder abgerundete Diamantfeilen. Feilen Sie die Fußnägel nicht rund, sondern gerade. Kleine Abrundungen an den Ecken sind jedoch erlaubt.
- Lassen Sie eingewachsene Fußnägel und Hühneraugen nur durch eine/n Fachfrau/-mann entfernen.
- Entfernen Sie Hornhaut am besten mit einem nassen Bimsstein bei der Fußwäsche. Benutzen Sie dazu niemals scharfe Gegenstände wie Hornhauthobel, Rasierklinge oder grobe Feilen.
- Die Behandlung von Fußpilz gehört in die Hand eines Arztes. Wechseln Sie täglich die Strümpfe und das für die Reinigung der Füße verwendete Handtuch. Waschen Sie beides mit möglichst hohen Temperaturen. Desinfizieren Sie auch Ihre Schuhe.
- Achten Sie auf gut passende Schuhe. Konfektionsschuhe sollten aus weichem Leder sein, Ihrem Fuß aber dennoch Halt bieten. Die Zehen sollten ausreichend Platz haben, damit keine Druckstellen entstehen.
- Laufen Sie nie barfuss. Die Verletzungsgefahr ist zu groß.
- Wenn Sie Verletzungen an Ihren Füßen entdecken, sollten Sie sie umgehend Ihrem betreuenden Arzt oder einer diabetologischen Fußambulanz vorstellen.

Die Retinopathie

Betroffen ist in den meisten Fällen die Netzhaut (Retina). Zu Beginn des Diabetes kommt es durch den zu hohen Blutzuckerspiegel zu Aussackungen an den Netzhautgefäßen, die sich jedoch wieder zurückbilden können. Schreitet die Erkrankung jedoch unbehandelt weiter, können Blutungen und Wucherungen in den Glaskörpern des Auges auftreten, wodurch die Sehkraft erheblich beeinträchtigt wird. In diesem Stadium kann durch Lasern die weitere Verschlimmerung der Retinopathie verhindert werden. Unbehandelt kann die Retinopathie zur Erblindung führen. Auch heute noch ist der Diabetes mellitus in den westlichen Industrieländern die häufigste Ursache für Erblindung.

Diabetiker sollten deshalb

- ❖ mindestens einmal jährlich ihre Augen untersuchen lassen, wenn noch keine Schädigung vorliegt,
- ❖ zweimal jährlich ihre Augen untersuchen lassen, wenn bereits Schäden diagnostiziert wurden,
- ❖ viermal jährlich den Augenarzt aufsuchen, wenn die Retinopathie fortgeschritten ist, die Netzhaut bereits gelasert wurde oder wenn die Patientin schwanger ist.

Diabetes bei Kindern

Kinder und Jugendliche sind nahezu ausschließlich vom Typ-1-Diabetes betroffen. Das bedeutet, dass sie vom Zeitpunkt der Diagnose an Insulin injizieren müssen. Wie beim Erwachsenen Diabetiker ist das wichtigste Behandlungsziel, die diabetische Stoffwechsellage dauerhaft zu optimieren, Folgeschäden zu vermeiden und die Lebensqualität der Kinder zu erhalten. Um dies zu erreichen, ist es unumgänglich, mit dem erkrankten Kind „zusammenzuarbeiten“. Es muss die Therapie akzeptieren. Dies ist umso schwieriger, je kleiner das Kind ist. Welches Kind begreift schon, dass es an den verlockenden Süßigkeiten im Supermarkt vorbeigehen muss. Schließlich dürfte es auch den Eltern schwer fallen, ihr Kind täglich mehrmals Pieksen zu müssen, um entweder Blut zur Glukosekontrolle abzunehmen oder das Insulin zu spritzen.

Ein Problem stellt auch der diabetische Jugendliche dar. Das Risiko von Spätkomplikationen ist in der Pubertät sehr viel größer als im Kleinkindalter. Da Jugendliche häufig darunter leiden, dass sie wegen ihrer Krankheit nicht so flexibel wie ihre Altersgenossen sind, sollten Eltern vielleicht das Gespräch mit den Freunden suchen, und diesen die Situation erklären.

Die Ernährung des Diabetikers vom Typ 2

Wohl keine andere Stoffwechselkrankheit lässt sich alleine durch eine Ernährungsumstellung so gut in den Griff bekommen wie der Diabetes vom Typ 2. Bereits eine Gewichtsreduktion bringt für den Patienten sicht- und spürbare Erfolge, in vielen Fällen verschwindet die diabetische Stoffwechsellage sogar. Die Ernährung nimmt deshalb bei der Behandlung des übergewichtigen Diabetikers eine zentrale Stellung ein. Je früher der Diabetes erkannt wird und die entsprechenden Diätmaßnahmen einsetzen, umso größer ist die Chance, den Diabetes zu lindern und Folgeschäden (an Augen, Gefäßen, Füßen, metabolisches Syndrom) zu vermeiden. Eine Reduktion des Körpergewichts kann dazu beitragen, dass sich die Krankheit besser einstellen lässt und der Patient mit weniger Medikamenten auskommt bzw. bald völlig darauf verzichten kann. Jeder Diabetiker kann heute ganz normal leben. Trotzdem sollte er sich nicht scheuen, seine Krankheit in Schule, Beruf und im Freundeskreis kundzutun, da es immer wieder vorkommen kann, dass ein Diabetiker in eine Unterzuckerung gerät. Dann kann schnelles und richtiges Handeln von Freunden und Kollegen lebensrettend sein. Den Diabetikerausweis und die Medikamente sowie eine Ration „Notfall-Broteinheiten“ (s. Seite 20) sollte der Diabetiker deshalb stets mit sich führen.

Während man in den vergangenen Jahrzehnten dem Diabetiker ziemlich strenge Ernährungsrichtlinien vorgab und der Verzehr von Zucker und Honig gänzlich tabu war, hat er es heute bei der Ernährung viel einfacher. Die Diabetesrichtlinien wurden gelockert, so dass der Diabetiker sich heute an einer gesunden, normalen und ausgewogenen Mischkost orientiert, die möglichst Vollwertcharakter haben sollte. Extra kochen ist nicht nötig, auch spezielle Diabetiker-Nahrungsmittel sind nicht notwendig. Aber: Die erste Maßnahme für jeden übergewichtigen Diabetiker ist es, abzunehmen.

Von Broteinheiten und Kohlenhydratportionen

Früher drückte man die Kohlenhydratzufuhr des Diabetikers in Broteinheiten (BE) aus, wobei 12 Gramm Kohlenhydrate 1 BE entsprechen. In den neuen Bundesländern wurde jedoch früher in Kohlenhydrateinheiten (KHE) gerechnet. 1 KHE entspricht 10 Gramm Kohlenhydraten. Nach der Wiedervereinigung suchten Experten nach einer einheitlichen Messgröße und schufen die Kohlenhydratportion (KH-Portion). 1 KH-Portion entspricht einer Menge von 10 bis 12 Gramm Kohlenhydraten. Es gibt also damit einen kleinen Spielraum, was die KH-Zufuhr anbelangt, die Maßstäbe sind weniger streng. An der klassischen KH-Austauschtabelle ändert sich dadurch jedoch nichts, es gibt nun für den Diabetiker lediglich zwei Einheiten. Mit welcher er rechnet, ist völlig egal. Bei den Nährwertangaben der Rezepte finden Sie stets beide Einheiten, wobei der Wert der KH-Portionen meistens geringfügig über dem Wert der BE liegt. Die anzurechnenden Kohlenhydratmengen wurden einmal durch 12 geteilt (ergibt die BE), die entsprechende KH-Portion ergibt sich durch Division durch 11 (Mittelwert zwischen 10 und 12).

Die Bedeutung des Körpergewichts und der Energieaufnahme

Heute wird dem Körpergewicht die größte Bedeutung für die Entstehung des Altersdiabetes bzw. des Diabetes vom Typ 2 beigemessen. Ob jemand das „richtige“ Gewicht bzw. Normalgewicht hat, ist nach den folgenden Rechenformeln leicht selbst zu bestimmen. Daraus wird dann ersichtlich, ob und wie viel Übergewicht besteht. Durch die Feststellung des Übergewichts erhält man übrigens auch in etwa eine Vorstellung von der Dauer einer Reduktionskur.

a) **Das BROCA-Sollgewicht:**
Körpergröße in cm minus 100 = Sollgewicht in kg
Beispiel: Eine Frau ist 168 cm groß.
168 - 100 = 68.
Sie sollte nicht mehr als 68 kg wiegen

b) **Der BMI** (Body-Maß-Index:)
Errechnet sich aus dem Körpergewicht (in kg) geteilt durch die Körpergröße (in Metern) zum Quadrat.
Beispiel: Der BMI für eine 68 kg schwere Frau mit 168 cm Körpergröße errechnet sich wie folgt:
68 : (1,68 x 1,68) = 68 : 2,8224
= 24,09

Der BMI sollte für Frauen nicht über 24 liegen, für Männer nicht über 25. Ab 25 oder gar 27 wiegt man zu viel. Das Beispiel zeigt, daß der BMI bei der 68 kg-schweren Frau bereits zu hoch ist, während nach der BROCA-Formel Normalgewicht besteht. Die Feststellung des empfohlenen Gewichts mit dem BMI ist etwas genauer als die BROCA-Formel. Mit zunehmendem Alter darf der BMI steigen, er sollte aber stets unter 30 liegen, was allerdings nur für Stoffwechselgesunde gilt. Für eine Gewichtsreduktion gilt folgende Rechnung: Um 1 kg Fettgewebe zu verlieren, muss man 6000 – 7000 kcal gegenüber der empfohlenen Energiezufuhr einsparen. Ausgehend von 2200 kcal pro Tag (für eine junge Frau mit leichter Tätigkeit) kann man mit einer Reduktion auf 1200 kcal pro Tag 1000 kcal einsparend. Das sind in 1 Woche 7000 kcal. Somit schwindet 1 kg Fettgewebe. Hinzu kommen erhebliche Verluste an Wasser, was leicht zu einer Gewichtsabnahme von insgesamt 2,5 kg pro Woche führen kann. Verstärkte körperliche Bewegung bringt zusätzliche Abspeckerfolge. Der Gewichtsverlust geht anfangs recht schnell, er verlangsamt sich dann und kann auch mal stagnieren. Das sollte den Diabetiker aber nicht entmutigen, weiterhin sein Normalgewicht anzustreben.

Energiebedarf von Erwachsenen verschiedener Altersgruppen mit leichter, sitzender Tätigkeit in kcal pro Person und Tag:

Alter	männlich	weiblich
19 – 35 Jahre	2500	2200
36 – 50 Jahre	2400	2000
51 – 65 Jahre	2200	1800
über 65 Jahre	1900	1700

Bei verstärkter körperlicher Arbeit müssen Zuschläge von 600 kcal für Mittelschwerarbeiter (z.B. Autoschlosser, Verkäuferin, Hausfrau, die auch Gartenarbeit macht) und bis zu 1600 kcal für Schwerstarbeiter (z.B. Waldarbeiter, Holzfäller, Hochofenarbeiter) hinzugerechnet werden.

Die Bedeutung von speziellen Diabetikerprodukten, Zuckeraustausch- und Süßstoffen

Kalorienfrei, d.h. mit Süßstoffen gesüßte Getränke sind für den Diabetiker durchaus akzeptabel. Auch gegen die Verwendung dieser Süßstoffe in Desserts, Kompott etc. ist nichts einzuwenden. Es gibt aber eine ganze Palette so genannter „Diabetikerprodukte“, die für den Patienten nicht von Vorteil sind. Mit Zuckeraustauschstoffen hergestellte Produkte wie z.B. Diabetiker-Schokolade, Diabetiker-Pralinen, Diabetiker-Gebäck und Diabetiker-Müsli etc. sind für den Diabetiker nicht besser zu bewerten, als mit normalem Zucker hergestellte vergleichbare Produkte. Außerdem sind Diabetiker-Produkte relativ teuer, enthalten oft viel Fett und sind kalorienreich. Der Verzehr von Fructose und anderen Zuckeraustauschstoffen (Sorbit, Xylit) wird nicht befürwortet, zumal sie nur in kleinen Mengen (Fruchtzucker bis 50 g, Sorbit bis zu 30 g) täglich tolerierbar sind und diese Menge neuerdings auch in Form von normalem Haushaltszucker erlaubt ist. Normaler Zucker hat überdies nicht die unerwünschten Nebenwirkungen von Fructose, Sorbit und Xylit wie z.B. Blähungen und Verdauungsbeschwerden.

Die neuen Diabetes-Richtlinien auf einen Blick:

- Bei einem BMI über 25: unbedingt Übergewicht abbauen, also täglich mindestens 500 kcal gegenüber der empfohlenen Energiezufuhr einsparen. Normalgewicht anstreben! Beachten Sie hierzu die 7-Tage Diabetes-Diät auf den Seiten 147 bis 169.
- Eiweißzufuhr nicht mehr als 10 bis 20 Prozent der Tagesenergie.
- Fettzufuhr etwa 30 Prozent der Tagesenergie, davon maximal 10 Prozent der Tagesenergie aus Fetten mit gesättigten Fettsäuren, aber weniger als 10 Prozent aus Fetten mit mehrfach ungesättigten Fettsäuren und den Rest aus Fetten mit einfach ungesättigten Fettsäuren (Olivenöl!).
- Kohlenhydratzufuhr etwa 50 Prozent der Tagesenergie.
- Bei guter Diabeteseinstellung bis zu 10 Energieprozent Haushaltszucker tolerierbar (verpackt in Mahlzeiten, möglichst zusammen mit vielen Ballaststoffen, nicht in Getränken). Bei täglich 2200 kcal (bei Normalgewicht!) dürfen Sie also 220 kcal in Form von Zucker oder Honig zu sich nehmen. Das sind etwa 50 Gramm (3 – 4 EL). Wenn Sie nur 1500 kcal täglich zu sich nehmen, dürfen Sie 150 kcal in Form von Zucker oder Honig zu sich nehmen; das entspricht 35 Gramm. Sie können also ein Salatdressing ruhig mit etwas Zucker abrunden oder Ihre Müsliflocken mit etwas Zucker anrösten.
- Ballaststoffe in Mengen von mindestens 30 g pro Tag, vorzugsweise lösliche Ballaststoffe (Haferkleie, Äpfel mit Schale).

- Kochsalzzufuhr unter 6 g/Tag senken. Unterstützt die Entschlackung, senkt hohen Blutdruck.
- Vitamine durch reichlich Frischkost und Vollkornprodukte zuführen.
- Alkohol nur in Mengen bis zu 2 Gläsern trockenen Wein pro Tag, bei medikamentöser und Insulinbehandlung jedoch nur in Verbindung mit kohlenhydrathaltigen Mahlzeiten.
- Zuckeraustauschstoffe sind verzichtbar, da sie einen ähnlichen Energiegehalt wie Haushaltszucker haben und dem Diabetiker keinen wesentlichen Vorteil bringen
- Diabetikerprodukte sind verzichtbar, mit kalorienfreiem Süßstoff gesüßte Getränke sind erlaubt.

Fazit: Die neuen Diabetes-Empfehlungen lockern die bisherigen Regeln für die Diabetes-Diät etwas. Das besondere Anliegen gilt dem übergewichtigen Diabetiker und der bedeutenden Rolle, die Übergewicht für die Diabetesentwicklung spielt. Außerdem wurden die Empfehlungen stärker den allgemeinen Empfehlungen für die gesunde Bevölkerung angepasst. Die Handhabung entsprechender Rezeptzubereitungen ist dadurch einfacher, vor allem, wenn für die ganze Familie gekocht wird.

Kohlenhydrat-austauschtabelle mit ausgewählten Lebensmitteln

(1 KH-Portion entspricht 10 bis 12 g verwertbaren Kohlenhydraten, 1 BE entspricht 12 g verwertbaren Kohlenhydraten)

Lebensmittel (verzehrbarer Anteil)	1 KH-Portion (ca. 1 BE) entspricht einer Menge von:
Milch und Milchprodukte	
Vollmilch	250 g
Buttermilch, Dickmilch, Joghurt, Kefir	250 g
Molke	250 g
Sahne (30 % Fett) *	350 g
Saure Sahne (10 % Fett)	320 g
Magerquark	300 g
Getreide- und Getreideprodukte	
Buchweizenkorn	15 g
Buchweizengrütze	15 g
Buchweizenvollmehl	15 g
Gerstengraupen	15 g
Grünkern	20 g
Grünkern, gegart	70 g
Grünkernmehl	15 g
Haferflocken	20 g

Hafergrütze	20 g
Hirse	5 g
Maisgrieß	15 g
Maismehl	15 g
Reis, roh	15 g
Reis, gegart	45 g
Reismehl	15 g
Roggenmehl	20 g
Weizenmehl, Type 405	15 g
Weizenvollkornmehl	20 g
Weizenkeime	45 g
Weizengrieß	20 g
Weizengrütze	20 g
Stärkemehle	15 g
Puddingpulver	15 g

Brot- und Backwaren, Teige, Teigwaren

Baguette	25 g
Brötchen (Weizen-)	25 g
Grahambrot	30 g
Knäckebrot	20 g
Leinsamenbrot	30 g
Pumpernickel	30 g
Roggenbrötchen	30 g
Roggenbrot	30 g
Toastbrot	25 g
Weißbrot	25 g
Weizenmischbrot	25 g
Weizenvollkornbrot	30 g
Butterkeks	15 g
Cräcker, gesalzen	15 g
Salzstangen	15 g
Vollkorn-Zwieback	20 g
Blätterteig, roh (TK) *	35 g
Hefeteig, roh	30 g
Pizzateig, roh	30 g
Nudeln, roh	15 g
Nudeln, gekocht	45 g

Kartoffeln und Kartoffelerzeugnisse

Kartoffeln	80 g
Kartoffelchips *	30 g
Kartoffelpüree	100 g
Kartoffelknödel	50 g
Kroketten *	40 g
Pommes frites *	35 g

Hülsenfrüchte

Bohnenkerne, roh	25 g
Bohnenkerne, gekocht	50 g
Erbsen, getrocknet, roh	20 g
Erbsen, getrocknet, gekocht	40 g
Linsen, getrocknet, roh	25 g
Linsen, getrocknet, gekocht	75 g
Kichererbsen, getrocknet, roh	25 g
Kichererbsen, getrocknet, gekocht	55 g

Gemüse, kohlenhydratreich (über 5 g Kohlenhydrate/100 g)

Dicke Bohnen	170 g
Grüne Erbsen	100 g
Maiskörner	80 g
Maiskolben	170 g
Rote Bete	140 g

Gemüse, Salatgemüse, Pilze, kohlenhydratarm (unter 5 g Kohlenhydrate / 100 g)
alle Sorten (außer den vorher genannten):

ohne Anrechnung	bis 200 g

Größere Portionen müssen angerechnet werden!

Frischobst

Ananas, frisch	90 g
Ananas in Dosen, ungezuckert	90 g
Apfel mit Schale	110 g
Apfel, geschält	100 g
Apfelsine, geschält	130 g
Aprikosen, entsteint	120 g
Banane, geschält	60 g
Birne mit Schale	110 g
Birne, geschält	100 g
Brombeeren	170 g
Cherimoya	90 g
Erdbeeren	200 g
Feigen	100 g
Granatapfelkerne	70 g
Grapefruit, geschält	130 g
Guave	200 g
Heidelbeeren	170 g
Himbeeren	200 g
Holunderbeeren	170 g
Honigmelone	100 g
Johannisbeeren, rot	200 g
Johannisbeeren, schwarz	180 g
Johannisbeeren, weiß	180 g
Kakifrucht	80 g
Kaktusfeigen	170 g
Karambole	150 g
Kirschen, sauer, entsteint	110 g
Kirschen, süß, entsteint	90 g
Kiwi	120 g
Kumquat	90 g
Litschi	70 g
Mandarinen, geschält	120 g
Mangofruchtfleisch	100 g
Mirabellen, entsteint	80 g
Nektarinen, entsteint	100 g
Passionsfrucht	90 g
Pfirsich, entsteint	130 g
Pflaumen, entsteint	110 g
Preiselbeeren	170 g
Reineclauden, entsteint	90 g
Stachelbeeren	150 g
Wassermelonenfruchtfleisch	150 g
Weintrauben	80 g

Trockenobst

alle Sorten (Apfel, Aprikose, Banane, Dattel, Feige, Pfirsich, Pflaume, Rosine) 20 bis 25 g

Fruchtsäfte, ohne Zuckerzusatz

Apfelsaft	120 ml
Birnensaft	100 ml
Brombeersaft	120 ml
Erdbeersaft	160 ml
Grapefruitsaft	120 ml
Himbeersaft	170 ml
Holunderbeersaft	160 ml
Johannisbeersaft, rot	80 ml
Orangensaft	120 ml
Pflaumensaft	80 ml
Traubensaft	70 ml

Nüsse und Samen

Erdnüsse, Haselnüsse, Kokosnussmark, Kürbiskerne, Leinsamen, Mandeln, Mohn, Paranüsse, Pistazien, Sesamsaat, Sonnenblumenkerne und Walnusskerne, (kohlenhydratarm):

ohne Anrechnung	bis 50 g

Größere Mengen müssen angerechnet werden!

Cashewnüsse	40 g
Esskastanien (Maronen)	30 g
Pinienkerne	60 g

*) wegen des hohen Fett- und Kaloriengehalts bei Übergewicht meiden bzw. sparsam verwenden!

Warum einige Gemüsesorten nicht angerechnet werden

Die meisten Gemüsearten sind arm an verwertbaren Kohlenhydraten (unter 5 g pro 100 g verzehrbarem Anteil), das heißt, sie haben keinen bedeutenden Einfluss auf den Blutzuckerspiegel. Bis zu einer Menge von 200 g innerhalb einer normalen Kost fällt ihr Kohlenhydratanteil nicht ins Gewicht. Gleiches gilt für Pilze, Sprossen und Kräuter, deshalb braucht man sie auch nicht in der KH-Bilanz zu berücksichtigen. Falls größere Mengen verzehrt werden, müssen sie aber mitgerechnet werden!

Es gibt allerdings einige wenige Gemüsearten, die reich an Kohlenhydraten sind (über 5 g pro 100 g): Dazu gehören Kartoffeln, frische Erbsen, Bohnen, Mais und Rote Bete. Sie werden deshalb – ebenso wie alle Hülsenfrüchte – voll in die KH-Berechnung einbezogen. Näheres erfahren Sie in der Tabelle auf Seite 36 und 37.

Schmackhaft kochen, gesund leben mit Diabetes Typ 2

Jedes Rezept enthält neben der Nährstoff- und Kalorienangabe pro Person auch die BE-Werte und die neue Einheit der Kohlenhydratportion (KH-Portion). Sie werden sehen, dass sich diese Angaben nur geringfügig voneinander unterscheiden. Bei Gemüse wurde der „Freibetrag“ (siehe S. 38) in der jeweiligen Angabe der BE und KH-Portionen berücksichtigt. Es bleibt Ihnen überlassen, ob Sie weiterhin mit BE rechnen oder die KH-Portion wählen. (siehe S. 32)

Frühstücke, Zwischen- und Spätmahlzeiten

Das Frühstück ist das „Sprungbrett in den Tag“ – und dies gilt im Besonderen für den Diabetiker. In der Nacht werden die Kohlenhydratreserven aufgebraucht, ein Nachschub am Morgen ist unbedingt erforderlich, um einer Unterzuckerung zuvorzukommen. Das Frühstück sollte reich an komplexen Kohlenhydraten sein. Sie werden langsamer verstoffwechselt als einfache Kohlenhydrate, der Blutzuckerspiegel steigt nur langsam an. Der Blutzuckerspiegel fällt auch nicht so schnell wieder ab wie es nach dem Verzehr von Einfachzuckern der Fall ist. Übrigens: Wenn Sie Zucker, Honig, Zuckerrübensirup und Konfitüre in kleinen Mengen verwenden, ist dagegen nichts einzuwenden, sofern die Zuckerzufuhr nicht mehr als 10 Prozent der täglichen Energiezufuhr ausmacht.

Außer dem Frühstück sind auch die Zwischenmahlzeiten für den Diabetiker unerlässlich, da er kontinuierlich mit Kohlenhydraten versorgt werden muss. Eine kleine, gut bekömmliche Spätmahlzeit zwischen dem Abendessen und dem Schlafengehen überbrückt die lange Kohlenhydratpause während der Nacht.

Gesundheitsfrühstück

Für 1 Person

125 g frisches Obst (z. B. Aprikosen, Zwetschgen, Pfirsiche, Äpfel etc.)
4 EL kernige Haferflocken (40 g)
100 g gerührter Magermilchjoghurt (0,2 % Fett)
etwas Süßstoff
1 Scheibe Pumpernickel (ca. 50 g)
2 – 3 EL Speisequark, (20 % F. i. Tr. , ca. 60 g)
1 TL Zuckerrübensirup oder Honig (ca. 10 g)

Pro Portion etwa:
20 g Eiweiß, 7 g Fett, 65 g Kohlenhydrate (5,4 BE bzw. 5.9 KH-Portionen), 416 kcal

Das Obst waschen, mit Küchenpapier trockentupfen, je nach Sorte entsteinen oder schälen, klein schneiden und zusammen mit den Haferflocken in ein Schälchen geben.
Den Joghurt zusammen mit etwas Süßstoff verrühren und unter das Müsli mischen.
Das Brot mit dem Quark bestreichen und den Zuckerrübensirup oder Honig darauf verteilen.

Erdbeerbrot

Für 1 Person

100 g Erdbeeren
100 g Speisequark (20 % F. i. Tr.)
2 Scheiben Pumpernickel (à 50 g)
1 TL Honig (10 g)

Pro Portion etwa:
18 g Eiweiß, 6 g Fett, 54 g Kohlenhydrate (4, 5 BE bzw. 4,9 KH-Portionen), 348 kcal

Die Erdbeeren waschen, putzen und in dünne Scheiben schneiden. Den Quark auf die Pumpernickelscheiben verteilen, die Erdbeerscheiben darauf anordnen und den Honig darüber träufeln.

Brot mit Apfelmus

Für 1 Person

1 Scheibe Roggenvollkornbrot (50 g, evtl. mit Sonnenblumenkernen)
2 EL Speisequark (20 % F. i. Tr., 50 g)
2 EL Apfelmus (gezuckert, aus dem Glas oder selbst hergestellt, 40 g)

Das Brot dick mit dem Quark bestreichen und das Apfelmus darauf verteilen.

Tipp: Besser ist es, selbst hergestelltes Apfelmus zu verwenden. Nehmen Sie eine süße Apfelsorte, dann können Sie auf Zucker ganz verzichten bzw. es reicht aus, ganz schwach mit Süßstoff oder Fruchtzucker zu süßen.

Pro Portion etwa:
10 g Eiweiß, 4 g Fett, 29 g Kohlenhydrate (2,5 BE bzw. 2,7 KH-Portionen), 204 kcal

Herzhaftes Bananenbrot

Für 1 Person

1 kleine Banane (ca. 100 g Fruchtfleisch)
2 Scheiben Pumpernickel (à 50 g)
1 TL streichfähiger Honig (ca. 10 g)
75 g Magerquark (10 % F. i. Tr.)

Die Banane schälen und in dünne Scheiben schneiden.
Die Brotscheiben mit Honig dünn bestreichen, den Quark darauf verteilen.
Die Bananenscheiben darauf anordnen.

Tipp: Als kleine Zwischenmahlzeit reicht ein Bananenbrot. Die Nährwertangaben werden dann halbiert.

Pro Portion etwa:
17 g Eiweiß, 1 g Fett, 69 g Kohlenhydrate (5,8 BE bzw. 6,3 KH-Portionen), 362 kcal

Vollkornbrötchen mit würzigem Frischkäse

Für 1 Person

5 Radieschen
½ Kästchen Kresse
einige Salatblätter
100 g körniger Frischkäse (20 % F. i. Tr.)
Pfeffer, Salz
1 Roggenvollkornbrötchen (ca. 60 g)

Pro Portion etwa:
15 g Eiweiß, 6 g Fett, 31 g Kohlenhydrate (2,4 BE bzw. 2.7 KH-Portionen), 242 kcal

Die Radieschen waschen, mit Küchenpapier trockentupfen, putzen und in feine Stifte schneiden. Die Kresse abschneiden und grob hacken. Die Salatblätter waschen, trockentupfen, putzen und in mundgerechte Stücke pflücken.
Die Radieschenstifte und die Kresse unter den Frischkäse mischen und das Ganze mit Pfeffer und Salz würzen.
Das Brötchen quer durchschneiden und die Salatblätter auf beide Hälften legen. Darauf den Frischkäse verteilen.

Tipp: Wenn es schnell gegen muss, ist gegen fertigen Kräuterquark (möglichst 20 % F. i. Tr.) nichts einzuwenden.

Schinken- und Käsespitzle

Für 1 Person

1 Vollkornspitzle (ca. 70 g)
2 TL Halbfettmargarine (10 g)
30 g roher Schinken in dünnen Scheiben (ohne Fettrand)
2 Scheiben Edamer (40 % F. i. Tr., ca. 40 g)
1 Gewürzgurke (ca. 30 g)
1 kleine Tomate (ca. 50 g)

Pro Portion etwa:
25 g Eiweiß, 15 g Fett, 31 g Kohlenhydrate (2,6 BE bzw. 2,8 KH-Portionen), 356 kcal

Das Spitzle quer durchschneiden und beide Hälften dünn mit Halbfettmargarine bestreichen. Auf einer Hälfte die Schinkenscheiben anordnen. Die Käsescheiben diagonal halbieren und die Dreiecke auf die andere Spitzlehälfte legen.
Die Gurken der Länge nach mehrfach einschneiden, so dass ein Fächer entsteht, und auf das Schinkenspitzle legen.
Die Tomate waschen, mit Küchenpapier trockentupfen, den Stielansatz herausschneiden, die Tomate in Scheiben schneiden und diese auf dem Käsespitzle verteilen.

Hamburger Mettbrötchen mit Gemüsedrink

Für 1 Person

1 Vollkornbrötchen (ca. 50 g)
50 g Thüringer Mett (mageres, feindurchgedrehtes Schweinehack, fertig gewürzt)
einige Zwiebelringe oder -würfel
Paprikapulver edelsüß
150 ml Gemüsesaft

Das Brötchen quer durchschneiden und das Mett auf einer Hälfte verteilen. Die Zwiebeln mit Paprika bestäuben und auf das Mett geben. Die andere Brötchenhälfte darauf setzen.
Trinken Sie den Gemüsesaft zum Essen.

Pro Portion etwa:
13 g Eiweiß, 14 g Fett, 26 g Kohlenhydrate (1,8 BE bzw. 2 KH-Portionen), 282 kcal

Toastbrot mit Champignonrührei

Für 1 Person

100 g frische Champignons
½ kleine Zwiebel (ca. 20 g)
10 g Butter
1 frisches Ei (Gew. Kl. M)
2 EL fettarme Milch
1 EL feingehackte Petersilie
Pfeffer, Salz
2 Scheiben Mehrkorntoastbrot (à ca. 25 g)

Die Pilze waschen, trockentupfen, putzen und blättrig schneiden. Die Zwiebelhälfte schälen und fein hacken.
Die Butter in einer beschichteten Pfanne erhitzen und die Zwiebeln sowie die Pilze darin andünsten. Das Ei zusammen mit der Petersilie und der Milch verquirlen, mit Pfeffer und Salz würzen, über die Pilzmischung verteilen und stocken lassen.
Die Brote goldbraun toasten. Das Rührei vorsichtig zusammenschieben, fertig backen und auf die Brote verteilen.

Pro Portion etwa:
14 g Eiweiß, 17 g Fett, 27 g Kohlenhydrate (2,2 BE bzw. 2,4 KH-Portionen), 317 kcal

Für 1 Person

1 frisches Ei (Gew. Kl. M)
1 rote Paprikaschote (ca. 100 g)
2 EL Magerquark
(10 % F. i. Tr.)
1 TL Tomatenmark
1 Spritzer Zitronensaft
Pfeffer
Paprikapulver edelsüß
Salz
1 Scheibe Roggenmischbrot
(ca. 50 g)
1 EL Schnittlauchröllchen

Pro Portion etwa:
17 g Eiweiß, 7 g Fett, 27 g Kohlenhydrate (2 BE bzw. 2,2 KH-Portionen), 239 kcal

Brot mit Paprikacreme und Ei

Das Ei in etwa 10 Minuten hart kochen. Inzwischen die Paprikaschote waschen, mit Küchenpapier trockentupfen und halbieren. Die Stielansätze, Kerne und weißen Innenteilen entfernen und das Fruchtfleisch fein würfeln. In ein Rührgefäß geben und mit einem Passierstab fein pürieren.
Den Quark, das Tomatenmark sowie den Zitronensaft dazugeben, alles gut verrühren, und die Creme mit Pfeffer, Paprika und Salz kräftig würzen.
Das Ei abschrecken, pellen und abkühlen lassen. Das Brot mit der Paprikacreme bestreichen. Das Ei in Scheiben schneiden und auf dem Brot verteilen. Den Schnittlauch darüber streuen.

Tipp: Wenn Sie eine größeren Menge zubereiten (z. B. für eine Party), dann verwenden Sie verschieden farbige Paprikaschoten.

Käseknäcke mit Tomaten- und Gurkenscheiben

Für 1 Person

3 Scheiben Knäckebrot
2 TL Halbfettmargarine (10 g)
1 kleine Ecke Kräuterschmelzkäse (20 % F. i. Tr., 25 g)
2 Scheiben Edamer, (40 % F. i. Tr., à 20 g)
1 kleine Gewürzgurke
1 Radieschen
1 TL Schnittlauchröllchen

Eine Scheibe Knäckebrot mit Schmelzkäse, die anderen beiden dünn mit Halbfettmargarine bestreichen. Auf diese beiden jeweils eine Scheibe Edamer legen. Die Gewürzgurke fächerartig einschneiden, auf eines der Edamerbrote legen. Das Radieschen waschen, trockentupfen, putzen, in Scheiben schneiden und auf das zweite Edamerbrot legen. Den Schnittlauch auf das Schmelzkäsebrot streuen.

Pro Portion etwa:
20 g Eiweiß, 16 g Fett, 21 g Kohlenhydrate (1,7 BE bzw. 1,8 KH-Portionen), 313 kcal

Kerniger Frühstücksquark auf Knäckebrot

Für 1 Person

3 EL frische, feingehackte Kräuter (z. B. Schnittlauch, Petersilie, Dill, Kerbel)
100 g Speisequark (20 % F. i. Tr.)
1 EL gerührter Magermilchjoghurt (0,2 % Fett)
Pfeffer, Salz
1 EL Sesamsamen
2 Scheiben Roggen-Vollkornknäckebrot, 2 Radieschen

Die Kräuter zusammen mit dem Quark und dem Joghurt gut verrühren. Mit Pfeffer und Salz würzen. Eine beschichtete Pfanne ohne Fett erhitzen und den Sesam darin unter gelegentlichem Wenden oder Rütteln der Pfanne goldgelb anrösten. Kurz abkühlen lassen, dann unter den Kräuterquark mischen.
Den Quark dick auf die Brote streichen. Die Radieschen waschen, trockentupfen, putzen und in Scheiben schneiden und auf den Broten verteilen.

Tipp: Statt Sesam können Sie auch geschälte, grobgehackte Sonnenblumen- oder Kürbiskerne verwenden. Sie liefern wertvolle Fettsäuren.

Pro *Portion* etwa:
11 g Eiweiß, 10 g Fett, 19 g Kohlenhydrate (1,6 BE bzw. 1,7 KH-Portionen), 234 kcal

Herzhafter Käsetoast mit Birne

Für 1 Person

1 kleine, vollreife Birne (ca. 100 g)
2 TL Halbfettmargarine
2 Scheiben Mehrkorntoastbrot (à ca. 25 g)
2 Scheiben Tilsiter, (45 %F. i. Tr., à ca. 20 g)

Pro Portion etwa:
14 g Eiweiß, 17 g Fett, 36 g Kohlenhydrate (3 BE bzw. 3,3 KH-Portionen), 352 kcal

Den Backofen auf 200 °C vorheizen. Die Birne waschen, mit Küchenpapier trockentupfen, halbieren, das Kerngehäuse entfernen und die Birnenhälften fächerartig einschneiden.
Die Brote dünn mit Halbfettmargarine bestreichen, jeweils einen Birnenfächer auf ein Brot legen und mit einer Scheibe Käse abdecken.
Die Brotc auf einen Rost setzen und auf mittlerer Einschubleiste etwa 7 bis 10 Minuten backen, bis der Käse zart schmilzt.

Tipp: Hier passt auch jeder andere würzige Käse. Achten Sie aber auf den Fettgehalt! Er sollte nicht mehr als 45 % F. i. Tr. betragen.

Bananentoast

Für 1 Person

1 kleine Banane (ca. 100 g Fruchtfleisch)
2 Scheiben Mehrkorntoastbrot (à ca. 25 g)
2 TL Halbfettmargarine (ca. 10 g)
2 Scheiben Butterkäse, (45 % F. i. Tr., à ca. 20 g)

Pro Portion etwa:
13 g Eiweiß, 16 g Fett, 45 g Kohlenhydrate (3,8 BE bzw. 4,1 KH-Portionen), 380 kcal

Den Backofen auf 200 °C vorheizen. Die Banane schälen und in Scheiben schneiden. Die Brotscheiben dünn mit Halbfettmargarine bestreichen und die Bananenscheiben darauf verteilen.
Jedes Brot mit einer Scheibe Käse abdecken und auf einen Rost setzen. Das Ganze auf mittlerer Einschubleiste überbacken, bis der Käse zart schmilzt.

Erdbeer-Joghurt-Müsli

Für 1 Person

150 g Erdbeeren
4 EL Haferfleks mit Kleie
1 EL grobgehackte Haselnüsse
1 EL Sanddornsaft, gezuckert
150 g gerührter Magermilch-joghurt (0,2 % Fett)

Die Erdbeeren waschen, trockentupfen, putzen und klein schneiden. Zusammen mit den Haferfleks und den Nüssen in einem Schälchen mischen.
Den Sanddornsaft unter den Joghurt rühren und das Ganze über die Erdbeermischung geben.

Tipp: Haferkleie besteht aus den löslichen Ballaststoffen des Haferkorns. Sie sind in der Lage, einen erhöhten Cholesterinspiegel zu senken. Wenn Sie also einen erhöhten Cholesterinspiegel haben, sollte Hafer in Ihrer Ernährung einen besonderen Stellenwert einnehmen. Er ist das gesundheitlich wertvollste und nährstoffreichste Getreide überhaupt.

Pro Portion etwa:
15 g Eiweiß, 11 g Fett, 45 g Kohlenhydrate (3,7 BE bzw. 4 KH-Portionen), 350 kcal

Cornflakes mit Banane

Für 1 Person

30 g Cornflakes, ungesüßt
1 kleine Banane (ca. 100 g geschält gewogen)
2 EL Kokosraspel (15 g)
1/8 l kalte fettarme Milch
evtl. Süßstoff

Die Cornflakes in ein Müslischälchen geben. Die Banane schälen, in dünne Scheiben schneiden und zu den Cornflakes geben.
Die Kokosflocken in einer beschichteten Pfanne unter Rühren hell anrösten, dann unter das Müsli mischen.
Die Milch darüber gießen und das Ganze gut durchmischen.

Tipp: Besser ist es, ohne Süßstoff auszukommen; er sollte allenfalls zum Abrunden verwendet werden.

Pro Portion etwa:
8 g Eiweiß, 12 g Fett, 52 g Kohlenhydrate (4,4 BE bzw. 4,8 KH-Portionen), 350 kcal

Apfel-Trauben-Drink

Für 2 Gläser

200 ml Apfelsaft
200 ml roter Traubensaft
50 g Naturjoghurt (3,5 % Fett)
1 TL Honig (10 g)
3 EL Instant-Haferflocken

Zum Garnieren:
einige dunkle und helle Weintrauben

Pro Glas etwa:
3 g Eiweiß, 2 g Fett, 42 g Kohlenhydrate (3,5 BE bzw. 3,9 KH-Portionen), 203 kcal

Die Säfte zusammen mit dem Joghurt in ein Rührgefäß geben und miteinander verquirlen. Den Honig sowie die Haferflocken darunter mischen, den Drink in zwei Gläser geben und jedes Glas mit einem kleinen Zweig Weintrauben garnieren.

Tipp: Dieser Drink ist gut geeignet als Zwischen- oder Spätmahlzeit.

Karottendrink „Vitaminchen"

Für 1 Person

150 ml Karottensaft, ungesüßt
50 ml Orangensaft
50 g gerührter Magermilchjoghurt (0,2 % Fett)
Pfeffer
1 EL feingehackte Petersilie

Pro Portion etwa:
3 g Eiweiß, kaum Fett, 15 g Kohlenhydrate (1,2 BE bzw. 1,3 KH-Portionen), 77 kcal

Den Karottensaft zusammen mit dem Orangensaft und dem Joghurt verquirlen, mit Pfeffer abschmecken und den Drink in ein Glas füllen.
Die Petersilie darauf streuen.

Tipp: Der Drink eignet sich prima als Zwischenmahlzeit. Er ist reich an Carotin (Provitamin A) und Vitamin C.
Achten Sie beim Kauf von Karottensaft auf das Etikett: Viele Produkte sind mit Honig gesüßt, sie heißen dann nicht „Saft", sondern „Drink" oder „Trunk".
Karottensaft können Sie auch selbst herstellen. Sie brauchen dafür allerdings einen Entsafter. Wer gerne frische Säfte mag, sollte sich diese Anschaffung leisten.

Gurken-Kräuter-Drink

Für 2 Gläser

1 Stück Salatgurke (ca. 200 g)
1 Bund Dill
2 EL Schnittlauchröllchen
1 EL Zitronensaft
200 g gerührter Magermilch-joghurt (0,2 % Fett)
Pfeffer, Salz

Das Gurkenstück waschen, schälen und klein schneiden. Den Dill waschen, trockentupfen, die groben Stängel wegschneiden, die zarten Zweige mit den Fähnchen fein hacken und zusammen mit den Gurkenstückchen, dem Schnittlauch und dem Zitronensaft in ein hohes Rührgefäß geben. Das Ganze mit einem Passierstab fein pürieren, dabei den Joghurt untermischen.
Den Drink mit Pfeffer und Salz würzen und in zwei Gläser gießen.

Pro Glas etwa:
5 g Eiweiß, unter 1 g Fett, 7 g Kohlenhydrate (0,8 BE bzw. 0,9 KH-Portionen), 59 kcal

Für 2 Gläser

1 rote Paprikaschote (ca. 150 g)
1 kleine rote Chilischote
1 Knoblauchzehe
2 EL gehackte Petersilie
1 EL geriebener Meerrettich aus dem Glas (20 g)
¼ l Tomatensaft
2 EL Instant-Haferflocken (20 g)
4 cl Sangrita pikante
1 TL Zitronensaft
Pfeffer, Salz

Pro Glas etwa:
4 g Eiweiß, 1 g Fett, 13 g Kohlenhydrate (weniger als 0,5 BE bzw. weniger als 0,5 KH-Portion), 80 kcal

Paprikadrink „Manolito"

Die Paprika- und die Chilischote waschen, mit Küchenpapier trockentupfen, der Länge nach halbieren, Stielansätze, Kerne und weiße Innenteile entfernen, das Fruchtfleisch fein würfeln und in ein hohes Rührgefäß geben.
Den Knoblauch schälen, fein hacken und zusammen mit der Petersilie sowie dem Meerrettich zu den Zutaten ins Rührgefäß geben. Das Ganze mit einem Passierstab fein pürieren, dabei nach und nach den Tomatensaft und die Haferflocken untermixen.
Den Sangrita und den Zitronensaft untermischen und den Drink mit Pfeffer und Salz pikant abschmecken, in zwei Gläser füllen.

Tipp: Dieser Drink eignet sich auch als Aperitif oder als Drink vor dem Schlafengehen. Von Bedeutung ist die Zugabe von Haferflocken. Sie liefern komplexe Kohlenhydrate, die langsam ins Blut abgegeben werden.

Suppen und Eintöpfe

Etwas Warmes braucht der Mensch – wer denkt bei diesem bekannten Slogan nicht an eine heiße Suppe oder einen deftigen Eintopf? Eine solche Mahlzeit ist sowohl mittags als auch abends willkommen. Ob als Vorspeise oder als eigenständige Hauptmahlzeit, Suppen und Eintöpfe gibt es in zahlreichen Varianten: Klar und gebunden, mit und ohne Einlage, klassisch und exotisch. Im folgenden Kapitel finden Sie sowohl kleine, leichte Suppen als auch Rezepte, die die für den Diabetiker notwendigen Kohlenhydrate enthalten und die durchaus einem leichten, kohlenhydratarmen Gericht vorausgehen können. Denken Sie zum Beispiel an eine Mahlzeit, die aus einer kohlenhydrathaltigen Suppe, einem leichten Salat oder einer kalorienarmen Gemüseplatte besteht. Die Suppe liefert dann den Hauptanteil der Kohlenhydrate, welche ein Salat oder ein Gemüsegericht nur in kleinen Mengen beisteuern können.

Rindfleischsuppe mit Grießklößchen

Die Brühe zum Kochen bringen. Inzwischen die Karotten waschen, putzen, schälen und in sehr feine Streifen schneiden, in die Brühe geben und mitkochen.

Das Ei verquirlen, mit Pfeffer, Muskat und Salz verrühren, den Grieß und das Backpulver untermengen.

Vom Grießteig mit Hilfe zweier Teelöffel kleine Nockerln abstechen, in die köchelnde Brühe geben und garen, bis sie nach oben steigen.

Die Brühe kurz vor dem Servieren mit der Petersilie bestreuen.

Tipp: Grießnocken kann man auch unter Zusatz von feingehackten Kräutern und / oder Champignons zubereiten.

Für 4 Personen

1 Liter Rindfleischsuppe (selbst gemacht nach dem Rezept auf S. 52 oder aus Würfel oder Instantbrühe)
150 g Karotten
1 frisches Ei (Gew. Kl. M)
Pfeffer
geriebene Muskatnuss
Salz
200 g Hartweizengrieß
1 Msp. Backpulver
2 EL feingehackte Petersilie

Pro Person etwa:
9 g Eiweiß, 3 g Fett, 37 g Kohlenhydrate (2,9 BE bzw. 3,2 KH-Portionen), 211 kcal

Für 4 Personen

Für die Brühe:
2 Markknochen
250 g Rinderbrust
2 Karotten (ca. 150 g)
1 Stück Knollensellerie (ca. 100 g)
75 g Lauch
1 Zwiebel (ca. 70 g)
weißer Pfeffer, Salz
2 Würfel Klare Fleischbrühe (für 1 Liter Brühe)

Für die Einlage:
200 g pürierte Rinderleber
1 kleines frisches Ei (Gew. Kl. S)
2 Scheiben trockenes Toastbrot oder 1 altbackenes Brötchen (ca. 40 g)
Pfeffer, Salz
1 EL getrockneter Majoran
2 EL feingehackte Petersilie
Semmelbrösel (ca. 30 g)

Pro Person etwa:
15 g Eiweiß, 4 g Fett, 18 g Kohlenhydrate (1,3 BE bzw. 1,5 KH-Portionen), 168 kcal

Leberknödelsuppe

Die Markknochen und das Fleisch kalt abbrausen, mit Küchenpapier trockentupfen und in einen Topf mit etwa 1 1/2 Liter kaltem Wasser geben.
Die Karotten, den Sellerie sowie den Lauch waschen und putzen. Die Karotten und den Sellerie schälen und grob zerkleinern. Den Lauch in Streifen schneiden. Die Zwiebel schälen und achteln. Das Gemüse zu den Zutaten in den Topf geben, Pfeffer und Salz hinzufügen und das Ganze zum Kochen bringen.
Offen aufkochen lassen, bis sich Schaum bildet, die Hitze reduzieren und die Suppengrundlage zugedeckt bei mäßiger Hitze etwa 1 Stunde kochen lassen.
Die Brühe durch ein feines mit Küchenpapier ausgelegtes Sieb in einen anderen Topf gießen, die Brühwürfel hinzugeben und das Ganze wieder zum Kochen bringen.
Inzwischen die Leber in eine Schüssel geben und das Ei hinzufügen. Die Brotscheiben oder das Brötchen in warmem Wasser einweichen, quellen lassen, gut ausdrücken und zur Leber geben. Pfeffer, Salz, Majoran und 1 EL Petersilie hinzufügen und das Ganze zu einem glatten Teig verrühren. Zum Binden soviel Semmelbrösel untermischen, bis der Teig sich zu Nocken abstechen lässt.
Mit Hilfe von zwei Teelöffeln Nocken aus dem Teig formen und in die köchelnde Brühe geben. So lange köcheln lassen, bis sie nach oben steigen.

Die gekochten Karotten, denn Sellerie und den Lauch klein schneiden und wieder zur Suppe geben. Die restliche Petersilie auf die Suppe streuen.

Tipp: Gehaltvoller wird die Suppe, wenn Sie 50 g Fadennudeln mitkochen. Pro Person hat die Suppe dann 212 kcal und 27 g Gramm Kohlenhydrate (2,3 BE bzw. 2,5 KH-Portionen).

Gemüsecremesuppe

Für 4 Personen

250 g Karotten
100 g Kohlrabi
75 g Knollensellerie
75 g Lauch
100 g Kartoffeln
1 Bund Petersilie
1 Liter Gemüsebrühe (aus Würfel oder Instantpulver)
Pfeffer
geriebene Muskatnuss
Salz

Pro Person etwa:
4 g Eiweiß, 1 g Fett, 10 g Kohlenhydrate (0,8 BE bzw. 0,9 KH-Portionen), 67 kcal

Das Gemüse waschen. Die Karotten und den Kohlrabi putzen, schälen und in Würfel mit 1 cm Kantenlänge schneiden. Den Sellerie sorgfältig schälen und in feine Stifte schneiden. Den Lauch putzen, das Stück der Länge nach durchschneiden, dann die Lauchhälften quer in feine Streifen schneiden. Die Kartoffeln schälen und fein würfeln. Die Petersilie waschen, trockentupfen, grobe Stiele entfernen und die zarten Zweige mit den Blättchen fein hacken.
Die Gemüsebrühe erhitzen, das Gemüse hinzugeben und das Ganze zugedeckt etwa 20 Minuten köcheln lassen. Das Gemüse mit der Kochflüssigkeit mit einem Passierstab fein pürieren, die Suppe mit Pfeffer, Muskat und Salz abschmecken und mit Petersilie bestreut servieren.

Für 4 Personen

500 g Karotten
1 kleine Zwiebel (ca. 40 g)
1 Bund glatte Petersilie
30 g Butter oder Margarine
20 g feines Weizenvollkornmehl
knapp 3/4 l Gemüsebrühe (aus Würfel oder Instantpulver)
Pfeffer
1 Prise Zucker
Salz

Pro Person etwa:
3 g Eiweiß, 7 g Fett, 12 g Kohlenhydrate (0,4 BE bzw. 0,5 KH-Portionen), 124 kcal

Karottencremesuppe

Die Karotten waschen, putzen, schälen und in dünne Scheiben schneiden. Die Zwiebel schälen und fein würfeln. Die Petersilie waschen, trockenschütteln, die groben Stiele entfernen und die zarten Zweige und den Blättchen fein hacken.
Butter oder Margarine in einem Topf erhitzen, die Zwiebelwürfel darin glasig dünsten, die Karotten und die Hälfte der Petersilie hinzugeben. Alles unter Rühren gründlich andünsten, das Mehl darüber stäuben, das Gemüse durchmischen und das Mehl hell anschwitzen.
Den Topf vom Herd nehmen und etwa die Hälfte der Brühe angießen. Das Gemüse unter Rühren wieder erhitzen und zugedeckt etwa 10 Minuten durchköcheln lassen.
Das Ganze im Topf mit einem Passierstab fein pürieren, die restliche Brühe sowie die restliche Petersilie hinzugeben und die Suppe noch einmal aufkochen lassen. Mit Pfeffer, Zucker und Salz abschmecken.

Feine Tomatensuppe

Für 4 Personen

½ Bund frisches Basilikum
1 kleine Zwiebel (ca. 40 g)
25 g Butter oder Margarine
1 EL Mehl (ca. 15 g)
2 cl trockener Sherry
½ l Gemüsebrühe (aus Würfel oder Instantpulver)
1 Packung Tomatenpüree (500 g)
schwarzer Pfeffer aus der Mühle
1 Prise Zucker
Salz

Das Basilikum waschen, trockentupfen, die Blättchen von den Stielen zupfen und fein hacken. Die Zwiebel schälen und fein würfeln.

Butter oder Margarine in einem Topf erhitzen, die Zwiebel darin andünsten, die Kräuter und das Mehl hinzugeben, kurz anschwitzen, mit Sherry ablöschen.

Den Topf vom Herd nehmen, alles gut durchrühren und die Hälfte der Brühe zugeben. Unter Rühren wieder zum Kochen bringen und die restliche Brühe sowie das Tomatenpüree zufügen.

Die Suppe zugedeckt 5 Minuten köcheln lassen, mit Pfeffer, Zucker und Salz abschmecken.

Tipp: Eine Tomatensuppe nach Gärtnerinart erhalten Sie, wenn Sie feine Karotten-, Sellerie- und Lauchstreifen in der Suppe mitgaren.

Pro Person etwa:
3 g Eiweiß, 4 g Fett, 9 g Kohlenhydrate (0,5 BE bzw. 0,5 KH-Portionen), 101 kcal

Kräutercremesuppe

Für 4 Personen

1 Bund Kerbel
1 Bund Dill
1 Bund glatte Petersilie
2 Zweige Estragon
2 Zweige Basilikum
75 g Schalotten
2 Knoblauchzehen
2 EL Sonnenblumenöl (20 g)
2 EL Mehl
50 g Sahne (40 % Fett)
gut ¾ l Gemüsebrühe (aus Würfel oder Instantpulver)
Pfeffer
geriebene Muskatnuss
Salz

Pro Person etwa:
3 g Eiweiß, 10 g Fett, 8 g Kohlenhydrate (0,6 BE bzw. 0,7 KH-Portionen), 133 kcal

Die Kräuter waschen, mit Küchenpapier trockentupfen und fein hacken. Die Schalotten und den Knoblauch schälen und fein hacken.
Das Öl in einem Topf erhitzen, die Kräuter, die Schalotten und den Knoblauch darin andünsten, das Mehl darüber stäuben und das Ganze unter Rühren hell anschwitzen.
Den Topf vom Herd nehmen und die Sahne angießen. Alles glattrühren, wieder erhitzen und nach und nach etwa die Hälfte der Brühe angießen.
Die Suppe etwa 5 Minuten zugedeckt durchköcheln lassen, mit einem Passierstab im Topf fein pürieren.
Die restliche Brühe angießen, die Suppe 5 Minuten leise köcheln lassen. Mit Pfeffer, Muskat und Salz abschmecken.

Spargelsuppe

Für 4 Personen

500 g Bruchspargel
1 TL Butter zum Kochen
Salz
½ TL Zucker
30 g Butter oder Margarine
30 g Mehl
100 ml Milch
800 ml Spargelsud
2 Würfel Gemüsebrühe oder
Klare Fleischbrühe oder
2 EL Instantpulver (für 1 Liter Brühe)
Pfeffer
geriebene Muskatnuss
Salz
1 Bund glatte Petersilie

Den Spargel waschen, putzen, schälen und in 2 cm lange Stücke schneiden. Die Schalen zusammen mit etwa1 Liter Wasser in einen Topf mit Siebeinsatz geben. Die Spargelstücke in den Siebeinsatz geben, evtl. noch soviel Wasser angießen, bis das Gemüse ganz bedeckt ist.
Butter, Salz und Zucker hinzugeben und das Ganze aufkochen. Zugedeckt bei mäßiger Hitze etwa 20 Minuten kochen lassen.
Das Sieb mit den Spargelstücken herausnehmen und beiseite stellen. Die Kochflüssigkeit zusammen mit den ausgekochten Spargelschalen durch ein Sieb in ein Gefäß abgießen, die Schalen gut abtropfen lassen.
In dem Topf die Butter oder Margarine erhitzen und das Mehl unterrühren. Bei mäßiger Hitze unter Rühren hell anschwitzen, den Topf vom Herd nehmen und die Mehlschwitze mit Milch ablöschen. Mit einem Schneebesen zu einem glatten Brei verrühren, den Topf wieder auf die Herdplatte setzen und den Mehlbrei unter Rühren abbrennen, bis sich am Topfboden ein weißlicher Belag bildet. Dann die Hälfte des Spargelsuds unter ständigem Rühren zugeben, das Ganze aufkochen und bei schwacher Hitze weiterköcheln lassen.
Die Spargelstücke zugeben und mit einem Passierstab in der Flüssigkeit grob pürieren. Den restlichen Spargelsud hinzugeben und die Suppe noch 2 Minuten durchköcheln lassen. Mit Pfeffer, Muskat und Salz abschmecken.
Die Petersilie waschen, trockentupfen, die groben Stiele entfernen und die zarten Zweige mit den Blättchen fein hacken. Vor dem Servieren auf die Suppe streuen.

Pro Person etwa:
5 g Eiweiß, 8 g Fett, 10 g Kohlenhydrate (0,6 BE oder 0,7 KH-Portionen), 138 kcal

Für 4 Personen

500 g mehligkochende Kartoffeln
250 g Karotten
100 g Lauch
75 g Knollensellerie
3 zarte Sellerieblätter
½ Bund glatte Petersilie
1 EL Sonnenblumenöl (10 g)
1 ½ l Klare Fleischbrühe (aus Würfel oder Instantpulver)
1 EL getrockneter Majoran
Pfeffer
geriebene Muskatnuss
Salz
100 g saure Sahne (10 % F. i. Tr.)

Pro Person etwa:
6 g Eiweiß, 7 g Fett, 25 g Kohlenhydrate (1,7 BE bzw. 1,6 KH-Portionen), 188 kcal

Kartoffelsuppe

Die Kartoffeln waschen, schälen und in Würfel mit etwa 2 cm Kantenlänge schneiden. Die Karotten waschen, putzen, schälen und in dünne Scheiben oder kleine Würfel schneiden. Den Lauch waschen, mit Küchenpapier trockentupfen, putzen, der Länge nach halbieren und die Stücke quer in feine Streifen schneiden. Nochmals gut abbrausen, um letzte Reste von Sand und Erde zu entfernen, das Gemüse gut abtropfen lassen. Das Selleriestück, die Blätter und die Petersilie waschen. Das Selleriestück sorgfältig schälen, klein schneiden. Die Sellerieblätter grob zerkleinern.
Das Öl in einem Topf erhitzen und das Gemüse sowie die Sellerieblätter dazugeben. Unter Rühren leicht andünsten, die Brühe hinzugeben und das Gemüse darin zugedeckt etwa 20 Minuten bei mäßiger Hitze köcheln lassen.
Das Gemüse in der Brühe mit einem Passierstab grob pürieren. Den Majoran einrühren und das Ganze noch 2 bis 3 Minuten leise köcheln lassen.
Die Petersilie fein hacken und unter die Suppe mischen. Die Suppe mit Pfeffer, Muskat und Salz abrunden, die saure Sahne mit einer Gabel glattrühren und unter die heiße Suppe ziehen.

Tipp: Reichen Sie dazu kräftiges Bauernbrot, dann haben Sie eine komplette Mahlzeit. Aber vergessen Sie nicht, die BE oder KH-Protion mitzurechnen.

Nudeleintopf mit Gemüse

Für 4 Personen

1 EL Butter
300 g Erbsen und Karotten (TK-Ware)
¾ l Gemüsebrühe (aus Instantpulver oder Würfel)
125 g kleine Eiernudeln (Rohgewicht, z. B. Spätzle, Muscheln, Gabelspagetti)
Pfeffer, Salz
1 Bund Petersilie

Pro Person etwa:
6 g Eiweiß, 3 g Fett, 24 g Kohlenhydrate (1,7 BE bzw. 1,8 KH-Portionen), 150 kcal

Die Butter in einem Topf erhitzen und das Gemüse dazugeben. Unter gelegentlichem Durchrühren bei milder Hitze andünsten, dann die Brühe dazugeben und das Ganze aufkochen lassen.
Die Nudeln einstreuen und den Eintopf zugedeckt bei milder Hitze etwa 15 Minuten garen, bis die Nudeln bissfest sind. Die Eintopf mit Pfeffer und Salz abschmecken.
Die Petersilie waschen, mit Küchenpapier trockentupfen, die groben Stiele entfernen und die zarten Zweige fein hacken. Die Petersilie unter die Suppe mischen.

Tipp: Man kann den Nudeleintopf auch mit Rindfleisch zubereiten. Dazu etwa 500 g Suppenfleisch salzen, pfeffern und in 1 ½ l Wasser garen.
Anschließend das Fleisch aus der Brühe nehmen und beiseite stellen.
In der Fleischbrühe das Gemüse und die Nudeln kochen.
Am Schluss das Rindfleisch in Würfel schneiden, zur Suppe geben und alles noch einmal kurz aufkochen. Beachten Sie bei dieser üppigeren Variante aber die erhöhte Kalorienzahl!

Für 4 Personen

200 g Linsen (Trockengewicht)
50 g mager durchwachsener Räucherspeck oder Schinkenspeck ohne Fettrand
150 g Karotten
1 Kartoffel (ca. 75 g)
1 Stück Lauch (ca. 75 g)
75 g Knollensellerie
2 zarte Zweige Selleriegrün
1 Lorbeerblatt
2 Würfel Gemüse- oder Fleischbrühe oder 2 EL Instantpulver für Gemüse- oder Fleischbrühe (für 1 Liter Brühe)
Pfeffer, Salz
1 Spritzer Weißweinessig
50 g saure Sahne (10 % Fett)

Pro Person etwa:
17 g Eiweiß, 8 g Fett, 33 g Kohlenhydrate (2,5 BE bzw. 2,7 KH-Portionen), 217 kcal

Linseneintopf

Die Linsen über Nacht in etwa 1 Liter kaltem Wasser einweichen.
Den Speck in feine Streifen oder kleine Würfel schneiden und in einer beschichteten Pfanne anbraten. Aus der Pfanne nehmen und auf einem Stück Küchenpapier ausbreiten, damit überschüssiges Fett entfernt wird.
Die Karotten waschen, putzen, schälen und in Würfelchen mit 1 cm Kantenlänge schneiden. Die Kartoffel waschen, schälen und ebenfalls würfeln. Den Lauch waschen, putzen, der Länge nach halbieren, dann quer in feine Streifen schneiden. Das Selleriestück waschen, putzen, schälen und würfeln. Die Sellerieblätter waschen, trockentupfen, dann grob hacken.
Die Linsen in der Einweichflüssigkeit zum Kochen bringen, das Gemüse und das Lorbeerblatt hinzufügen und das Ganze zugedeckt bei milder Hitze etwa 30 Minuten köcheln lassen. Die Brühwürfel oder die Instantbrühe untermischen und den Eintopf noch einmal aufkochen lassen. Das Lorbeerblatt herausnehmen, die Speckwürfelchen untermischen, die Suppe mit Pfeffer, Salz und Essig abschmecken und mit einem Klecks saurer Sahne servieren.

Tipp: Hülsenfrüchte sind besonders günstig für den Diabetiker, denn sie sind reich an komplexen Kohlenhydraten und liefern wertvolles Eiweiß, aber so gut wie gar kein Fett. Sie sättigen gut und anhaltend. Wenn Sie auf den Speck verzichten, sparen Sie pro Person 50 kcal und 5 g Fett.

Salate, Vorspeisen und Snacks

Für den Diabetiker ist ein regelmäßiger Mahlzeitenrhythmus für einen ausgeglichenen Blutzucker von entscheidender Bedeutung. Dies gilt auch für den übergewichtigen, nicht insulinpflichtigen Diabetiker. Mehrere kleine Mahlzeiten verhindern einen zu starken Blutzuckerabfall und Heißhunger. Und wenn die Zwischenmahlzeiten leicht und fettarm sind, ist eine dauerhafte Gewichtsabnahme durch häufigeres Essen möglich. So manches meiner Rezepte in diesem Kapitel eignet sich sogar als kleines Hauptgericht. Etliche Salate und Snacks sind zum Mitnehmen geeignet. Achten Sie stets auf den Fettgehalt und verwenden Sie nur hochwertige Fette und Öle. Mayonnaise sollten Sie mit Magermilchjoghurt strecken oder sogar ganz meiden.

Blattsalat mit Vinaigrette und Knoblauchcroutons

Für 4 Personen

350 g Blattsalat (z. B. Kopfsalat, Lollo Rosso, Lollo bionda, Römersalat, Frisee, Eichblattsalat, Radicchio, Feldsalat)
1 Zwiebel (ca. 40 g)
½ Bund Schnittlauch
1 Zweig frischer Estragon
1 TL mittelscharfer Senf
2 EL Himbeeressig
1 Msp. Zucker
Pfeffer, Salz
3 EL Sonnenblumenöl
2 Scheiben Vollkorntoastbrot (à ca. 25 g)
1 kleine Knoblauchzehe

Den Salat in einzelnen Blätter teilen, waschen, trockenschleudern, anschließend in mundgerechte Stücke zerpflücken. Feldsalat ganz lassen, lediglich die Wurzelenden abschneiden.
Die Zwiebel schälen und fein hacken. Den Schnittlauch und den Estragon waschen, mit Küchenpapier trockentupfen, den Schnittlauch in feine Röllchen schneiden, die Estragonblättchen fein hacken.
Die Zwiebeln zusammen mit den Kräutern in eine Schüssel geben, Senf, Himbeeressig, 2 EL Wasser sowie den Zucker hinzugeben und alles gut miteinander verrühren. Mit Pfeffer und Salz würzen. Das Öl unter die Vinaigrette schlagen. Den Salat vorsichtig darin wenden und auf vier Teller verteilen.
Die Brotscheiben goldbraun toasten. Den Knoblauch schälen, anschneiden und die Brote mit der Schnittfläche abreiben. Die Brote in Würfelchen schneiden und über die Salatportionen verteilen.

Pro Person etwa:
3 g Eiweiß, 8 g Fett, 7 g Kohlenhydrate (0,6 BE bzw. 0,6 KH-Portionen), 116 kcal

Für 4 Personen

1 Salatgurke (ca. 600 g)
1 Bund Dill
1 kleine Zwiebel (ca. 40 g)
1 Knoblauchzehe
1 TL mittelscharfer Senf
2 EL Weißweinessig
Pfeffer, Salz
100 g saure Sahne (10 % Fett)

Pro Person etwa:
2 g Eiweiß, 3 g Fett,
5 g Kohlenhydrate (ohne BE-Anrechnung), 57 kcal

Gurkensalat mit Sauerrahmdressing

Die Gurke waschen, mit Küchenpapier trockentupfen, die Enden knapp abschneiden, die Gurke in dünne Scheiben hobeln.
Den Dill waschen, trockenschütteln, die groben Stiele entfernen, einige Dillzweige zum Garnieren beiseite legen, die anderen grob hacken und in eine Schüssel geben.
Die Zwiebel und die Knoblauchzehe schälen, die Zwiebel fein hacken und in die Schüssel zum Dill geben. Die Knoblauchzehe durch eine Presse dazudrücken. Den Senf sowie den Essig hinzugeben, alles gut miteinander verrühren, dann 1 EL Wasser untermischen. Die Sauce mit Pfeffer und Salz würzen und die saure Sahne unterrühren.
Die Gurkenscheiben zugeben, alles vorsichtig vermengen und 5 Minuten durchziehen lassen. Den Salat evtl. mit Pfeffer und Salz nachwürzen, in eine Salatschüssel umfüllen oder auf 4 Teller verteilen. Mit den restlichen Dillzweigen garnieren.

Tipp: Gurkensalat passt gut zu Pellkartoffeln und gebratenem oder gedünstetem Fisch.

Spargelsalat

Für 4 Personen

600 g Spargel
1 TL Butter zum Kochen
1 TL Zucker zum Kochen
Salz
1 Bund glatte Peterslie (20 g)
2 EL Zitronensaft (20 g)
2 EL warmer Spargelsud
Pfeffer
geriebene Muskatnuss
3 EL Sonnenblumenöl (30 g)

Pro Person etwa:
3 g Eiweiß, 8 g Fett,
4 g Kohlenhydrate (ohne BE-Anrechnung), 98 kcal

Den Spargel waschen, putzen und die Stange vom Kopf her nach unten mit einem Spargelschäler dünn schälen. Die Stangen in 3 cm lange Stücke schneiden. Reichlich Wasser zusammen mit der Butter, dem Zucker und etwas Salz zum Kochen bringen, die Spargelschalen hineingeben, die Spargelstücke in einen passenden Siebeinsatz geben und diesen in den Topf einhängen. Das Gemüse muss ganz mit Wasser bedeckt sein. Den Spargel etwa 15 Minuten kochen lassen. Er sollte nicht zu weich sein, sondern noch Biss haben.
Den Siebeinsatz mit den Spargelstücken herausnehmen, das Gemüse abtropfen lassen und in eine Schüssel geben. Die Spargelschalen noch weitere 15 Minuten auskochen.
Die Petersilie waschen, trockentupfen und fein hacken und in ein Schälchen geben. Den Zitronensaft sowie 2 EL Spargelsud dazugeben. Das Ganze mit Pfeffer, Muskat und Salz würzen, dann das Öl darunterschlagen.
Das Dressing über die Spargelstücke geben, das Gemüse vorsichtig wenden, durchziehen und abkühlen lassen.

Tipp: Man kann den Salat auch mit gekochtem Ei und Kressesträußchen garnieren. Dazu kochen Sie 2 Eier hart und hacken sie grob. Das gehackte Ei über dem Salat verteilen und jede Portion mit einem Kressesträußchen dekorieren. Pro Person hat der Salat dann etwa 43 kcal und 3 Gramm Fett mehr.

Rote Bete-Salat

Für 4 Personen

600 g kleine Rote Bete-Knollen (geschält gewogen)
1 Zwiebel (ca. 70 g)
½ TL Anissamen
1 Msp. grob geschroteter Kümmel
2 EL Weißweinessig
50 ml heiße Gemüsebrühe
Pfeffer
geriebene Muskatnuss, Salz
1 Msp. Zucker
3 EL Sonnenblumenöl (30 g)
2 EL Schnittlauchröllchen

Pro Person etwa:
2 g Eiweiß, 8 g Fett, 9 g Kohlenhydrate (0,6 BE bzw. 0,7 KH-Portionen), 113 kcal

Die Roten Bete waschen und putzen. Die Knollen in reichlich kochendes Wasser geben und zugedeckt bei mäßiger Hitze etwa 45 bis 60 Minuten (je nach Größe) garen. Auf ein Sieb schütten, abschrecken und schälen. Die Knollen etwas abkühlen lassen.

Die Zwiebel schälen, fein hacken und in eine Schüssel geben. Die Aniskörner, den Kümmel, den Essig und die Brühe hinzugeben. Das Ganze mischen, Pfeffer, Muskat, Salz und Zucker unterrühren, das Öl darunterschlagen.

Die Roten Bete in Scheiben schneiden und in die Marinade geben. Alles vorsichtig wenden und zugedeckt durchziehen lassen, bis das Gemüse völlig erkaltet ist. Dann den Schnittlauch untermischen.

Waldorfsalat auf leichte Art

Für 4 Personen

400 g Knollensellerie (geputzt und geschält gewogen)
Salz
Saft von 1 Zitrone
1 saftiger Apfel (ca. 150 g)
2 Stängel Staudensellerie mit Grün (ca. 120 g)
1 Dose Mandarinenfilets (314 ml-Dose, 175 g Abtropfgewicht)
2 EL Mandarinenflüssigkeit
Pfeffer, Currypulver
100 g gerührter Magermilchjoghurt (0,2 % Fett)
2 EL gehackte Walnusskerne (15 g)

Pro Person etwa:
3 g Eiweiß, 3 g Fett, 11 g Kohlenhydrate (0,7 BE bzw. 0,8 KH-Portionen), 87 kcal

Den Sellerie waschen, putzen, schälen und in feine 2 cm lange Streifen schneiden oder grob raspeln. Reichlich Salzwasser zusammen mit 3 EL Zitronensaft aufkochen, die Selleriestreifen oder – raspel hineingeben und 2 bis 3 Minuten blanchieren. Auf ein Sieb schütten und abschrecken, gut abtropfen lassen.

Den Apfel waschen, trockentupfen, vierteln, das Kerngehäuse herausschneiden und die Apfelstücke in feine Stifte schneiden. Zusammen mit dem restlichen Zitronensaft in ein Schälchen geben.

Den Staudensellerie waschen, mit Küchenpapier trockentupfen, putzen, die Stangen in schmale Scheiben schneiden und das Grün fein hacken. Beide Selleriearten zusammen in eine Schüssel geben und locker mischen. Das Selleriegrün untermengen.

Die Mandarinenfilets abtropfen lassen, die Flüssigkeit auffangen. Die Mandarinen unter das Gemüse mischen. Die Apfelstreifen abgießen, den Zitronensaft auffangen und die Apfelstifte unter das Gemüse mischen.

Den Zitronensaft zusammen mit etwas Mandarinenflüssigkeit in ein Schälchen geben, das Ganze mit Pfeffer, Curry und Salz kräftig würzen, den Joghurt untermischen. Dressing abschmecken und unter die Selleriemischung heben.

Den Salat auf vier Teller verteilen und jede Portion mit gehackten Walnusskernen garnieren.

Für 4 Personen

150 g Karotten
75 g Knollensellerie
75 g Weißkraut
75 g Gewürzgurken
½ rote Paprikaschote (ca. 75 g)
75 g Maiskörner aus der Dose
½ kleine Zwiebel (ca. 20 g)
1 EL feingehackte Petersilie
2 EL Weißweinessig
½ TL Zucker
Pfeffer, Salz
100 g saure Sahne (10 % Fett)

Pro Person etwa:
3 g Eiweiß, 3 g Fett, 9 g Kohlenhydrate (0,4 BE bzw. 0,4 KH-Portionen), 77 kcal

Bunter Partysalat

Die Karotten und den Sellerie waschen, putzen, schälen und sehr dünne Streifen schneiden. Das Kraut fein hobeln und die Gewürzgurken in feine Streifen schneiden, beides zusammen mit den Karotten und dem Sellerie mischen.
Die Paprikahälfte waschen, mit Küchenpapier trockentupfen, den Stielansatz, die Kerne sowie die weißen Innenteile entfernen, das Fruchtfleisch in feine Streifen schneiden und diese unter das andere Gemüse mischen.
Die Zwiebelhälfte schälen, fein hacken und zusammen mit der Petersilie untermischen. Essig, Zucker und 2 EL Wasser miteinander verrühren, Pfeffer und Salz untermischen, die saure Sahne darunterrühren und das Ganze zu einer glatten Sauce verrühren.
Die Sauce unter die Rohkost mischen und alles 10 Minuten durchziehen lassen. Evtl. nochmals abschmecken.

Tipp: Falls Sie kein rohes Weißkraut vertragen, verwenden Sie stattdessen Chinakohl.

Kartoffelsalat mit Endivien

Für 4 Personen

750 g möglichst kleine festkochende Kartoffeln
1 kleine Zwiebel (ca. 40 g)
200 g Endiviensalat (ca. 1/2 Kopf)
120 ml heiße Fleisch oder Gemüsebrühe (aus Würfel oder Instantpulver)
3 EL Weißweinessig
1 TL mittelscharfer Senf
1/2 TL Zucker
weißer Pfeffer, Salz
3 EL Sonnenblumenöl (30 g)

Pro Person etwa:
5 g Eiweiß, 8 g Fett, 29 g Kohlenhydrate (2,4 BE bzw. 2,6 KH-Portionen), 213 kcal

Die Kartoffeln waschen und knapp mit Wasser bedeckt im geschlossenen Topf etwa 20 bis 25 Minuten (je nach Größe) garen. Anschließend abgießen, abschrecken, pellen und kurz abkühlen lassen. Inzwischen die Zwiebel schälen, fein hacken und in eine Schüssel geben.
Den Salat im Ganzen zunächst durch lauwarmes Wasser ziehen, um den groben Schmutz zu entfernen. Anschließend gut abschütteln, putzen, den Strunk keilförmig herausschneiden, dann den Salat quer zu den Blättern in feine Streifen schneiden, in eine Schüssel mit lauwarmem Wasser geben und gut waschen. Dabei verliert der Salat seine Bitterstoffe. Die Salatstreifen auf ein Sieb schütten, kurz abbrausen und gut abtropfen lassen.
Die Kartoffeln in Scheiben schneiden, zu den Zwiebelwürfeln in die Schüssel geben und etwa 100 ml der heißen Brühe darüber gießen, wenden und durchziehen lassen, bis die Flüssigkeit von den Kartoffeln aufgesogen ist.
Die restliche Brühe zusammen mit dem Essig, dem Senf und dem Zucker in einem kleinen Rührgefäß verquirlen, mit Pfeffer und Salz würzen und das Öl darunterschlagen. Das Dressing unter die Kartoffeln mischen, den Endiviensalat daruntermengen. Den Salat vor dem Servieren kurz durchziehen lassen.

Tipp: Dazu passen gebratener Fisch, Spiegel- und Rührei, Frikadellen, heiße Würstchen.

Maissalat mit Paprika

Für 4 Personen

1 Dose Maiskörner (425 ml-Dose, 285 g Abtropfgewicht)
1 Zwiebel
1 rote Paprikaschote (ca. 150 g)
1 kleine Zucchini (ca. 150 g)
2 EL feingehackte Petersilie
2 EL Weißweinessig
1 EL Zitronensaft
Pfeffer
Paprikapulver edelsüß
Salz
1 Prise Zucker oder
1 Tropfen Süßstoff
2 – 3 EL Sonnenblumen- oder Sojaöl

Pro Person etwa:
3 g Eiweiß, 8 g Fett, 18 g Kohlenhydrate (1,2 BE bzw. 1,3 KH-Portionen), 155 kcal

Den Mais abtropfen lassen und in eine Schüssel geben. Die Zwiebel schälen und fein hacken. Paprikaschote und den Zucchini waschen und mit Küchenpapier trockentupfen. Die Paprika halbieren, Stielansatz, Kerne und weiße Innenteile entfernen und das Fruchtfleisch fein würfeln. Vom Zucchini die Enden knapp abschneiden, das Gemüse der Länge nach halbieren, dann in kleine Würfel schneiden. Die Zwiebel-, Paprika- und Zucchiniwürfel zusammen mit der Petersilie unter den Mais mischen.
Den Essig zusammen mit dem Zitronensaft in ein Schälchen geben, mit Pfeffer, Paprika, Salz und Zucker oder Süßstoff würzen, das Öl darunterschlagen und das Dressing unter die Gemüsemischung mischen. Den Salat vor dem Servieren kurz durchziehen lassen.

Argentinischer Maissalat

Für 4 Personen

1 Dose Maiskörner (425 ml-Dose, 285 g Abtropfgewicht) oder 300 g TK-Maiskörner
1 Dose Kidneybohnen (rote Bohnen, 425 ml-Dose, 255 g Abtropfgewicht)
1 rote Zwiebel (ca. 50 g)
1 Knoblauchzehe
1 grüne Paprikaschote (ca. 150 g)
1 kleine rote Chilischote
2 EL Sherryessig
1 TL Zitronensaft
Pfeffer
Paprikapulver edelsüß
Salz
1 EL Tomatenketchup (20 g)
2 – 3 EL Maiskeimöl (25 g)

Zum Garnieren:
einige Zweige krause Petersilie

Pro Person etwa:
8 g Eiweiß, 8 g Fett, 27 g Kohlenhydrate (2,1 BE bzw. 2,3 KH-Portionen), 216 kcal

Die Maiskörner aus der Dose abtropfen lassen. Tiefgefrorene Maiskörner in kochendes Wasser geben und bissfest garen, auf ein Sieb schütten, abschrecken und abtropfen lassen.
Die Bohnen abtropfen lassen und zusammen mit dem Mais in eine Schüssel geben. Die Zwiebel und den Knoblauch schälen. Die Zwiebel fein hacken und zur Maismischung geben. Den Knoblauch durch eine Presse in ein Schälchen drücken. Die Paprika- und Chilischote waschen, mit Küchenpapier trockentupfen, die Schoten der Länge nach halbieren, Stielansätze, Kerne und weiße Innenteile entfernen.
Das Paprikafruchtfleisch in kleine Würfel schneiden, die Chilischote möglichst fein hacken, dann beides zum Gemüse in die Schüssel geben.
Den Essig zusammen mit dem Zitronensaft zur Knoblauchpaste geben und alles gut verrühren. Pfeffer, Paprika, Salz und Ketchup untermischen, zum Schluss das Öl darunterschlagen. Das Dressing unter die Gemüsemischung heben, den Salat kurz durchziehen lassen und mit Petersilie garniert servieren.

Für 4 Personen

300 g gemischte Blattsalate (z. B. Frisee, Radicchio, Eisbergsalat, Rauke, Römischer Salat, Lollo Rosso, Eichblattsalat)
2 rote Zwiebeln (ca. 100 g)
400 g Tomaten
1 kleine gelbe Paprikaschote (ca. 100 g)
1 Stück Salatgurke (ca. 200 g)
100 g schwarze Oliven mit Stein, in Salzlake (Abtropfgewicht)
2 EL Rotweinessig
weißer Pfeffer aus der Mühle, Salz
1 Prise Zucker
2 Knoblauchzehen
3 EL Olivenöl
4 Sardellenfilets aus der Dose (ca. 50 g)

Pro Person etwa:
5 g Eiweiß, 12 g Fett, 6 g Kohlenhydrate (ohne BE-Anrechnung), 157 kcal

Mittelmeersalat

Die Salate in einzelne Blätter zerteilen, waschen, trockenschleudern und in mundgerechte Stücke zerpflücken, vier Salatteller damit auslegen.
Die Zwiebeln schälen und in hauchdünne Ringe schneiden und auf die Salatportionen verteilen.
Die Tomaten, Paprikaschoten und das Gurkenstück waschen und mit Küchenpapier trockentupfen. Die Tomaten halbieren, die Stielansätze herausschneiden, die Tomatenhälften in schmale Spalten schneiden. Die Paprikaschote halbieren, Stielansatz, Kerne sowie weiße Innenteile entfernen und das Fruchtfleisch in feine Streifen schneiden. Das Gurkenstück schälen und in dünne Scheiben schneiden.
Das zerkleinerte Gemüse mit den Oliven gleichmäßig auf die Salatteller verteilen.
Den Essig mit 2 EL Wasser in ein Schälchen geben, Pfeffer, Salz und Zucker unterrühren, den Knoblauch schälen und durch eine Presse dazudrücken. Alles gut vermischen, das Öl darunterschlagen und das Dressing über die Salatportionen träufeln.
Die Sardellenfilets abtropfen lassen und zusammenrollen. Auf jede Salatportion ein Sardellenröllchen legen.

Griechischer Salat mit Schafkäse

Für 4 Personen

150 g Kopfsalat
300 g Salatgurke
300 g Tomaten
1 grüner milder Peperoni
2 kleine Zwiebeln (ca. 60 g)
80 g schwarze Oliven mit Stein, in Salzlake (Abtropfgewicht)
2 kleine Knoblauchzehen
2 EL Weißweinessig
Pfeffer, Salz
3 EL Olivenöl (30 g)
einige Zweige frisches Basilikum
160 g griechischer Schafkäse am Stück (40 % F. i. Tr.)

Pro Person etwa:
10 g Eiweiß, 17 g Fett, 5 g Kohlenhydrate (ohne BE-Anrechnung), 214 kcal

Den Kopfsalat in einzelne Blätter teilen, waschen, trockenschleudern, putzen und in mundgerechte Stücke pflücken.
Das Gurkenstück waschen, mit Küchenpapier trockentupfen und ungeschält in dünne Scheiben schneiden oder hobeln. Die Tomaten waschen, trockentupfen, halbieren, den Stielansatz jeweils herausschneiden, die Tomatenhälften in schmale Spalten schneiden, und zusammen mit dem Salat sowie den Gurkenscheiben in einer Schüssel mischen.
Den Peperoni waschen, trockentupfen, der Länge nach halbieren, Stielansatz, Kerne sowie weiße Innenteile entfernen und das Fruchtfleisch fein hacken. Die Zwiebeln schälen und quer in dünne Ringe schneiden.
Alles gleichmäßig auf vier Salatteller verteilen. Zum Schluss Oliven darauf verteilen. Den Knoblauch schälen und durch eine Presse in ein Schälchen drücken.
Den Essig, 2 EL Wasser sowie Pfeffer und Salz hinzugeben, alles gut miteinander verrühren, das Öl darunterschlagen und das Dressing über die Salatportionen verteilen. Das Basilikum waschen, trockentupfen und die Blättchchen von den Stielen zupfen. Die Blättchen grob hacken und über die Salatportionen streuen.
Den Schafkäse in Würfel mit etwa 1/2 cm Kantenlänge schneiden und über die Salate streuen.

Tipp: Zusammen mit Fladenbrot ergibt dieser Salat eine leichte Hauptmahlzeit. Dann aber bitte für das Brot die Kalorien und die BE bzw. die KH-Portionen mitrechnen.

Für 4 Personen

175 g Nudeln (Rohgewicht, z. B. Hörnchen, Gabelspagetti, Spiralen etc.)
Salz
1 kleine Zwiebel (ca. 40 g)
1 Stängel Staudensellerie mit Grün (ca. 60 g)
1 rote Paprikaschote (ca. 150 g)
80 g Gewürzgurken
30 g grüne, mit Paprikamark gefüllte Oliven
3 EL Sahnedickmilch (10 % Fett, 75 g) oder saure Sahne (10 % Fett)
Pfeffer
Paprikapulver edelsüß
1 EL Tomatenketchup (20 g)

Pro Person etwa:
7 g Eiweiß, 4 g Fett, 35 g Kohlenhydrate (2,7 BE bzw. 3,0 KH-Portionen), 210 kcal

Nudelsalat auf leichte Art

Die Nudeln in etwa 1 3/4 l Salzwasser bissfest garen. Anschließend auf ein Sieb schütten, abschrecken und gut abtropfen lassen.
Inzwischen die Zwiebel schälen, fein hacken und in eine Schüssel geben. Den Staudensellerie waschen, mit Küchenpapier trockentupfen, quer in sehr feine Scheibchen schneiden und das Grün fein hacken. Beides zu den Zwiebeln in die Schüssel geben. Die Paprikaschote waschen, trockentupfen, halbieren, Stielansätze, Kerne sowie weiße Innenteile entfernen und das Fruchtfleisch fein würfeln.
Die Gewürzgurken und die Oliven ebenfalls fein würfeln. Beides zu dem Gemüse in die Schüssel geben.
Die Nudeln zum Gemüse geben und alles gut miteinander vermengen. Die Sahnedickmilch oder die saure Sahne in eine Salatschüssel geben, Pfeffer, Paprikapulver, Salz und Tomatenketchup unterrühren und das Dressing herzhaft abschmecken. Die Nudelmischung dazugeben und alles gut miteinander mischen. Den Salat kurz durchziehen lassen.

Tipp: Wenn Sie etwas mehr Säure möchten, geben Sie noch einen Spritzer Zitronensaft hinzu.
Wenn das Dressing zu dickflüssig ist, können Sie es mit etwas gerührtem Magermilchjoghurt flüssiger machen.

Nudelsalat mit Schinken

Für 4 Personen

175 g Nudeln (Rohgewicht, z. B. Hörnchen, Spiralen, Gabelspagetti etc.)
Salz
150 g gekochter Schinken in Scheiben, ohne Fettrand
80 g Gewürzgurken
1 Zwiebel (70 g)
150 g Erbsen und Karotten (TK-Ware)
2 EL Remoulade (50 % Fett)
3 EL Pflanzenöl
1 EL Weißweinessig
50 g gerührter Magermilchjoghurt (0,2 % Fett)
Pfeffer
geriebene Muskatnuss

Die Nudeln in etwa 1 ¾ l kochendes Salzwasser geben und bissfest garen. Anschließend auf ein Sieb schütten, abschrecken und abtropfen lassen. Inzwischen den Schinken in 1 cm lange Streifen schneiden und in eine Schüssel geben. Die Gurken ebenfalls in Streifen schneiden, hinzufügen. Die Zwiebel schälen, fein hacken und dazugeben. Das tiefgefrorene Gemüse in kochendes Wasser geben und 3 Minuten blanchieren. Auf ein Sieb schütten, abschrecken und gut abtropfen lassen.
Zu den Zutaten in die Schüssel geben. Die Nudeln mit in die Schüssel geben, alles gut miteinander vermischen.
Die Remoulade zusammen mit Öl, Essig und dem Joghurt in ein Schälchen geben, alles gut miteinander verrühren, die Sauce mit Pfeffer, Muskat und Salz kräftig würzen und unter den Salat mischen. 10 Minuten durchziehen lassen, nochmals durchmischen, evtl. nochmals abschmecken.

Tipp: Sie können noch weiteres Gemüse unter den Salat mischen, so z. B. gegarten Brokkoli, Spargel, Paprikaschoten etc. Diese Gemüsearten sind KH-arm und brauchen nicht angerechnet zu werden.

Pro Person etwa:
19 g Eiweiß, 8 g Fett, 37 g Kohlenhydrate (3,1 BE bzw. 3,3 KH-Portionen), 295 kcal

Reissalat auf asiatische Art

Für 4 Personen

100 g Langkornreis (Rohgewicht)
10 g chinesische Trockenpilze (Trockengewicht)
1 Bund Frühlingszwiebeln (ca. 200 g)
150 g Karotten
100 g Bambussprossen aus dem Glas
3 EL Sesamöl (ersatzweise Sonnenblumen- oder Sojaöl)
Pfeffer
Fünf-Gewürzepulver
Salz
2 EL Weißweinessig
½ TL Zucker
1 TL Sojasauce (5 g)

Pro Person etwa:
5 g Eiweiß, 8 g Fett, 25 g Kohlenhydrate (1,6 BE bzw. 1,8 KH-Portionen), 190 kcal

Den Reis in gut ½ l kochendes Wasser geben und im geschlossenen Topf etwa 20 Minuten bei milder Hitze garen. Den Reis auf ein Sieb schütten, abschrecken, abkühlen lassen.
Die Pilze inzwischen in heißem Wasser einweichen und 15 Minuten quellen lassen.
Die Frühlingszwiebeln waschen, mit Küchenpapier trockentupfen, putzen, den grünen Teil schräg in Ringe schneiden, den weißen Teil fein hacken.
Die Karotten waschen, putzen, schälen und in sehr feine Streifen schneiden.
Die Bambussprossen abtropfen lassen und ebenfalls in feine Streifen schneiden. Die Pilze gut abspülen, ausdrücken und klein schneiden.
In einer beschichteten Pfanne 2 EL Öl erhitzen, das Gemüse und die Pilze hineingeben und alles unter gelegentlichem Wenden anbraten. Mit Pfeffer, Fünf-Gewürzepulver und Salz würzen. Die Mischung in eine Schüssel geben und abkühlen lassen. Den Reis unter das Gemüse mischen.
Den Essig zusammen mit 2 EL Wasser verrühren, Pfeffer, Salz, Zucker und Sojasauce untermischen, dann das restliche Öl darunterrühren und das Dressing unter den Salat mischen.
Den Salat 10 Minuten durchziehen lassen, evtl. nochmals abschmecken.

Reissalat mit Hähnchenfleisch

Für 4 Personen

1 Knoblauchzehe
2 Frühlingszwiebeln (ca. 50 g)
100 g frische Champignons
1 EL Sonnenblumenöl (10 g)
100 g Langkornreis (Rohgewicht)
¼ l Hühnerbrühe (aus Instantpulver oder Würfel)
100 g Knollensellerie
150 g gebratenes Hähnchenfleisch (ohne Haut, z. B. Reste vom Brathähnchen)
50 g gerührter Magermilchjoghurt (0,2 % Fett)
1 EL Remoulade (50 % Fett)
2 EL Pflanzenöl (20 g)
2 EL Orangensaft
1 EL Weißweinessig
Pfeffer, Currypulver, Salz

Pro Person etwa:
12 g Eiweiß, 10 g Fett, 23 g Kohlenhydrate (1,8 BE bzw. 2,0 KH-Portionen), 230 kcal

Den Knoblauch schälen und fein hacken. Die Frühlingszwiebeln waschen, mit Küchenpapier trockentupfen, den grünen Teil in dünne Ringe und den weißen Teil in kleine Würfel schneiden.
Die Champignons waschen, trockentupfen, falls nötig putzen und blättrig schneiden.
Das Öl in einem Topf erhitzen, Knoblauch, Frühlingszwiebeln und Pilze darin andünsten, den Reis zugeben und unter Rühren glasig werden lassen. Mit der Brühe auffüllen und im geschlossenen Topf bei milder Hitze etwa 15 Minuten garen.
Inzwischen das Selleriestück waschen, putzen, schälen und in sehr feine Stifte schneiden. Unter den Reis mischen und das Ganze weitere 5 Minuten garen. Die Reismischung in eine Schüssel geben und abkühlen lassen.
Das Hähnchenfleisch in mundgerechte Stücke schneiden und untermischen. Den Joghurt zusammen mit der Remoulade, dem Orangensaft und dem Essig verrühren, mit Pfeffer, Curry und Salz kräftig würzen und unter die Reismischung heben.
Den Salat etwa 15 Minuten durchziehen lassen, nochmals durchmischen und evtl. nachwürzen.

Tipp: Reste von gegartem Reis können für diesen Salat prima aufgebraucht werden. Neben Gemüse passen auch Früchte wie z. B. Ananas oder Mandarinen sehr gut in einen pikant gewürzten Reissalat.

Heringssalat mit Roten Beten

Für 4 Personen

1 Packung Matjesfilets (300 g Inhalt, 250 g Abtropfgewicht)
2 Zwiebeln (ca. 150 g)
2 Gewürzgurken (ca. 100 g)
2 Äpfel (ca. 250 g)
200 g gekochte Pellkartoffeln
200 g Rote Bete in Streifen (aus dem Glas, abgetropft)
2 EL Salatmayonnaise (50 % Fett)
4 EL Pflanzenöl (40 g)
50 g saure Sahne (10 % Fett)
50 g gerührter Magermilch-joghurt (0,2 % Fett)
Pfeffer
Nelkenpulver
Salz

Zum Anrichten:
einige Salatblätter

Pro Person etwa:
13 g Eiweiß, 21 g Fett, 22 g Kohlenhydrate (1,8 BE bzw. 2,0 KH-Portionen), 337 kcal

Die Matjesfilets abtropfen lassen, in schmale Streifen schneiden und in eine Schüssel geben. Die Zwiebeln schälen, fein würfeln und hinzugeben. Die Gurken ebenfalls fein würfeln und untermischen.

Die Äpfel waschen, mit Küchenpapier trockentupfen, vierteln, das Kerngehäuse herausschneiden und die Apfelstücke würfeln. Die Pellkartoffeln ebenfalls würfeln, beides zu der Heringsmischung geben und alles gut miteinander vermengen. Die Roten Bete-Streifen abtropfen lassen und untermischen.

Die Mayonnaise zusammen mit der sauren Sahne und dem Joghurt verrühren, mit Pfeffer, Nelkenpulver und Salz würzen und die Sauce unter den Salat mischen.

Den Salat zugedeckt im Kühlschrank 30 Minuten durchziehen lassen, nochmals durchmischen und evtl. abschmecken.

Die Salatblätter waschen, trockenschleudern, putzen und in mundgerechte Stücke pflücken. Vier Teller mit Salatblättern auslegen, den Heringssalat darauf anrichten.

Tipp: Mit kräftigem Bauernbrot haben Sie eine gesunde Hauptmahlzeit. Dann aber die BE bzw. KH-Potionen und die kcal mitberechnen.

Geflügelsalat auf leichte Art

Für 4 Personen

300 g gegartes Hähnchenfleisch (ohne Haut)
150 g frische Champignons
200 g Spargelstücke aus der Dose
3 kleine Scheiben Ananas aus der Dose (à ca. 35 g)
1 EL Zitronensaft
2 EL Ananasflüssigkeit
150 g Sahnedickmilch (10 % Fett)
Pfeffer, Currypulver, Salz

Das Hähnchenfleisch von den Knochen lösen, klein schneiden und in eine Schüssel geben. Die Pilze waschen, putzen, grob hacken und hinzufügen. Die Spargelstücke und die Ananasscheiben abtropfen lassen und in mundgerechte Stücke schneiden, zu den übrigen Zutaten in die Schüssel geben.
Den Zitronensaft zusammen mit der Ananasflüssigkeit unter die Sahnedickmilch rühren, das Dressing mit Pfeffer, Curry und Salz würzen und unter den Geflügelsalat mischen.

Pro Person etwa:
20 g Eiweiß, 5 g Fett, 7 g Kohlenhydrate (0,6 BE bzw. 0,6 KH-Portionen), 154 kcal

Gefüllte Kartoffeln

Für 4 Personen

4 große, längliche Kartoffeln (à ca. 175 g)
100 g saure Sahne (10 % Fett)
150 g Magerquark
1 kleine Zwiebel (ca. 40 g)
1 Bund Schnittlauch
Pfeffer, Salz

Die Kartoffeln waschen, gut abbürsten und knapp mit Wasser bedeckt im geschlossenen Topf etwa 25 Minuten garen.
Die saure Sahne zusammen mit dem Quark glattrühren. Die Zwiebel schälen, fein hacken und untermischen. Den Schnittlauch waschen, mit Küchenpapier trockentupfen, in feine Röllchen schneiden und unter den Quark mischen. Die Creme mit Pfeffer und Salz würzen.
Die Kartoffeln abgießen, aufbrechen und in die Öffnung einen großen Klecks Quarkcreme geben. Sofort servieren.

Pro Person etwa:
9 g Eiweiß, 3 g Fett, 29 g Kohlenhydrate (2,3 BE bzw. 2,6 KH-Portionen), 184 kcal

Für 4 Personen

4 Tomaten (à ca. 100 g)
200 g Ricotta (italienischer Molkenfrischkäse mit ca. 42 % F. i. Tr.) oder Schichtkäse (20 % F. i. Tr.)
Pfeffer, Salz
2 EL Schnittlauchröllchen
2 EL feingehackter Dill
1 Dose Maiskörner (425 ml-Dose, 285 g Abtropfgewicht)
1 rote Zwiebel (ca. 40 g)
2 EL Weißweinessig
2 EL Sonnenblumenöl
einige schöne Salatblätter

Pro Person etwa:
9 g Eiweiß, 9 g Fett, 20 g Kohlenhydrate (1,7 BE bzw. 1,8 KH-Portionen), 195 kcal

Gefüllte Tomaten auf Maissalat

Die Tomaten waschen, mit Küchenpapier trockentupfen, oben jeweils einen flachen Deckel abschneiden, die Tomaten aushöhlen.
Den Frischkäse in eine Schüssel geben und mit Pfeffer sowie Salz verrühren. Die Kräuter untermischen, den Frischkäse in die Tomaten füllen, evtl. mit einer Tortenspritze in die Tomaten spritzen.
Den Mais abtropfen lassen. Die Zwiebel schälen, fein hacken und unter den Mais mischen.
Den Essig mit 2 EL Wasser verrühren, Pfeffer und Salz untermischen, das Öl darunterschlagen. Das Dressing unter den Mais mischen.
Die Salatblätter waschen, trockenschleudern, auf vier Teller verteilen und den Maissalat darauf anrichten. Jeweils 1 gefüllte Tomate auf den Salat setzen.

Gefüllte Gurkenstücke

Für 4 Personen

1 dicke Salatgurke (ca. 600 g)
1 kleine Zwiebel (ca. 40 g)
1 Bund Dill
150 g saure Sahne (10 % Fett)
Pfeffer, Salz
½ rote Paprikaschote (ca. 75 g)
2 EL Maiskörner aus der Dose (50 g)

Zum Garnieren:
Salatblätter

Pro Person etwa:
3 g Eiweiß, 5 g Fett, 8 g Kohlenhydrate (0,3 BE bzw. 0,4 KH-Portionen), 87 kcal

Die Gurke waschen, mit Küchenpapier trockentupfen, die Enden knapp abschneiden und die Gurke in 8 möglichst gleichgroße Stücke schneiden. Jedes Stück mit einem Kugelausstecher oder einem scharfkantigen Teelöffel so aushöhlen, dass ein etwa ½ cm dicker Boden und Rand stehen bleibt. Das ausgehöhlte Fruchtfleisch klein schneiden und in eine Schüssel geben.
Die Zwiebel schälen und fein hacken. Den Dill waschen, trockentupfen, die groben Stiele entfernen, 8 kleine Zweige zum Garnieren beiseite legen, die restlichen fein hacken und zusammen mit der Zwiebel zum Gurkenfleisch geben. Die saure Sahne untermischen und das Ganze mit Pfeffer und Salz würzen.
Die Paprikaschote waschen, Stielansatz, Kerne und weiße Innenteile entfernen und das Fruchtfleisch fein würfeln. Zusammen mit dem Mais unter die Gurkencreme mischen.
Die Masse in die Gurkenstücke füllen, aufhäufen und mit dem restlichen Dill garnieren. Auf den gewaschenen, trockengetupften Salatblättern anrichten.

Käsetoast

Für 4 Personen

4 Scheiben Toastbrot (à 25 g)
4 TL Halbfettmargarine (20 g)
200 g kleine Tomaten
weißer Pfeffer aus der Mühle, Salz
100 g Mozzarella

Pro Person etwa:
7 g Eiweiß, 8 g Fett, 13 g Kohlenhydrate (1,0 BE bzw. 1,1 KH-Portionen), 155 kcal

Die Brote dünn mit Halbfettmargarine bestreichen. Den Backofen auf 200 °C vorheizen.
Die Tomaten waschen, mit Küchenpapier trockentupfen, die Stielansätze herausschneiden, die Tomaten in dünne Scheiben schneiden und auf die Brote legen. Mit Pfeffer und Salz würzen.
Den Mozzarella abtropfen lassen, in Scheiben schneiden und auf die Brote verteilen.
Die Brote auf einen Bratrost legen und auf mittlerer Einschubleiste überbacken, bis der Käse schmilzt.

Pizzatoast

Für 4 Personen

4 Scheiben Vollkorntoastbrot (à 25 g)
4 TL Halbfettmargarine (20 g)
1 rote Paprikaschote (ca. 150 g)
4 grüne Oliven, mit Paprikamark gefüllt (20 g)
40 g Salami in dünnen Scheiben
75 g geriebener Emmentaler
2 EL feingehackte Petersilie
Pfeffer, Salz
1 frisches Ei (Gew. Kl. M)
1 EL Creme fraîche (20 g)

Pro Person etwa:
11 g Eiweiß, 16 g Fett, 13 g Kohlenhydrate (1,1 BE bzw. 1,2 KH-Portionen), 245 kcal

Die Brote dünn mit Halbfettmargarine bestreichen und den Backofen auf 200 °C vorheizen.
Die Paprikaschote waschen, mit Küchenpapier trockentupfen, halbieren, Stielansätze, Kerne und weiße Innenteile entfernen und das Fruchtfleisch sehr fein würfeln und in eine Schüssel geben.
Die Oliven fein hacken und dazu geben. Die Salami in fein Streifen schneiden und zusammen mit dem Käse und der Petersilie zufügen. Pfeffer und Salz zugeben und alles gut miteinander vermengen.
Das Ei zusammen mit der Creme fraîche verquirlen und mit der Paprikamischung vermischen, die Masse auf die Brote verteilen.
Die Brote auf einen Bratrost legen und auf mittlerer Einschubleiste 10 Minuten backen, bis das Ei gestockt ist.

Omelette mit Gemüsestreifen

Für 4 Personen

300 g Zucchini
200 g Karotten
150 g Kohlrabi mit Grün
30 g Butter
1 EL Sonnenblumenöl
4 frische Eier (Gew. Kl. M)
Pfeffer
Salz
50 g Mehl
1 Msp. Backpulver

Das Gemüse waschen, putzen, schälen und in sehr feine Streifen schneiden. 1 EL Butter in einem Topf erhitzen und das Gemüse darin unter gelegentlichem Wenden andünsten.
Die Eier sorgfältig trennen und das Eigelb verquirlen. Pfeffer und Salz dazugeben, dann das Mehl mit dem Backpulver mischen und unterrühren. Das Eiweiß steif schlagen und vorsichtig unter die Eigelbmasse ziehen.
In einer Pfanne etwas vom restlichen Fett erhitzen und aus dem Eierteig vier luftig-zarte Omelettes ausbacken. Zwischendurch die Pfanne immer wieder mit etwas Fett ausstreichen.
Die Omelettes auf Teller gleiten lassen, in die Mitte jeweils etwas Gemüse geben, die Omelettes zusammenklappen und sofort servieren.

Pro Person etwa:
11 g Eiweiß, 15 g Fett, 15 g Kohlenhydrate (0,8 BE bzw. 0,8 KH-Portionen), 242 kcal

Geflügelpastete

Für 12 Scheiben

Für den Teig:
200 g Weizenmehl Type 550
100 g zarte Haferflocken
1 TL Salz
150 g Butter
2 frische Eier (Gew. Kl. M)

Für die Pastetenfüllung:
400 g Hähnchenbrustfilet
2 Zwiebeln (ca. 80 g)
10 g Butter
80 ml Weinbrand
3 frische Eier (Gew. Kl. M)
100 g saure Sahne (10 % Fett)
Pfeffer
geriebene Muskatnuss
gemahlener Piment
Salz

Für die Einlage:
200 g Karotten
200 g Brokkoli

Außerdem:
Butter für die Form
Mehl zum Ausrollen

Pro Scheibe etwa:
15 g Eiweiß, 16 g Fett, 19 g Kohlenhydrate (1,4 BE bzw. 1,6 KH-Portionen), 292 kcal

Die Teigzutaten rasch miteinander verkneten und den Teig etwa 30 Minuten kaltstellen.
Das Hähnchenfleisch in Streifen schneiden, dann durch den Fleischwolf drehen oder in der Küchenmaschine fein zerkleinern und in eine Schüssel geben.
Die Zwiebeln schälen, fein würfeln, und in der Butter andünsten, mit Weinbrand ablöschen und die Flüssigkeit etwas einkochen lassen. Die Zwiebeln zusammen mit dem Bratfond, 2 Eiern, der sauren Sahne und den Würzzutaten zum Hähnchenfleisch geben und alles zu einer gleichmäßigen Masse verrühren, mit einem Passierstab fein pürieren und kaltstellen.
Das Gemüse waschen, putzen, die Karotten schälen, dann der Länge nach in bleistiftdicke Streifen schneiden. Den Brokkoli in Röschen und Stiele teilen. Etwas Wasser erhitzen und das Gemüse darin etwa 5 Minuten vorgaren, abgießen und abkühlen lassen.
Eine Kastenform mit Butter ausfetten und den Backofen auf 225 °C vorheizen.
Den Teig auf bemehlter Unterlage dünn ausrollen, die Form mit etwa ³/₄ des Teiges auskleiden, dabei die Ränder etwa 3 cm hoch überstehen lassen. Die Hälfte der Pastetenmasse in die Form füllen, das Gemüse einschichten, die restliche Pastetenmasse darauf verteilen, glatt streichen, den Teig darüber zusammenklappen, zwei kleine Löcher für den Dampfabzug in die obere Teigschicht stechen und mit Metallförmchen oder gerollter Alufolie offen halten. Aus dem restlichen Teig Verzierungen ausstechen.

Das Ei trennen, die Verzierungen mit Eiweiß auf die Pastete kleben, das Eigelb verquirlen und die Pastetenoberfläche damit bestreichen. Die Pastete auf mittlerer Einschubleiste zunächst 15 Minuten vorbacken, dann die Hitze auf 180 °C reduzieren und die Pastete weitere 45 Minuten fertigbacken.

Frischkäsetaler

Für 4 Personen

250 g Körniger Frischkäse (20 % F. i. Tr.)
1/2 Bund Schnittlauch
Pfeffer, Salz
12 kleine runde Pumpernickelscheiben (à ca. 20 g)

Zum Garnieren:
6 Kirschtomaten oder Radieschen

Den Frischkäse in eine Schüssel geben. Den Schnittlauch waschen, mit Küchenpapier trockentupfen, in feine Röllchen schneiden und unter den Frischkäse mischen. Mit Pfeffer und Salz würzen. Den Frischkäse auf die Pumpernickelscheiben streichen und die Taler auf einer Platte anrichten. Kirschtomaten oder Radieschen waschen, trockentupfen, putzen, halbieren oder in Scheiben schneiden und die Frischkäsetaler damit garnieren.

Pro Person etwa (3 Taler):
11 g Eiweiß, 4 g Fett, 25 g Kohlenhydrate (2,0 BE bzw. 2.2 KH-Portionen), 178 kcal

Heiße Pfeifen

Für 8 Stück

4 Salz- oder Laugenstangen („Spitzle", á ca. 70 g)
50 g weiche Butter
2 frische Eier (Gew. Kl. M)
Pfeffer
geriebene Muskatnuss
Paprikapulver edelsüß
Salz
2 EL dicke saure Sahne (50 g, 18 % Fett)
100 g gekochter Schinken in Scheiben (ohne Fettrand)
100 g geraspelter Emmentaler
100 g geraspelte Zucchini

Pro Pfeife etwa:
12 g Eiweiß, 13 g Fett, 17 g Kohlenhydrate (1,4 BE bzw. 1,6 KH-Portionen), 233 kcal

Die Salz- oder Laugenstangen der Länge nach quer durchschneiden und das Innere leicht aushöhlen.
Die Butter in ein Rührgefäß geben und mit den Rührbesen eines elektrischen Handrührgerätes schaumig schlagen. Die Eier sorgfältig trennen, das Eigelb unter die Butter rühren und mit Pfeffer, Muskat, Paprika und Salz kräftig würzen.
Den Backofen auf 180 °C vorheizen.
Die saure Sahne unter die Buttermasse rühren. Den Schinken sehr fein würfeln und untermischen. Den Käse und die Zucchiniraspel unterheben.
Die Eiweiß steif schlagen und den Eischnee unterheben. Die Masse in die ausgehöhlten Stangen füllen und die Spitzle auf ein Backblech legen.
Auf mittlerer Einschubleiste etwa 15 Minuten backen. Heiß servieren.

Tipp: Vegetarische Pfeifen bereiten Sie mit feingewürfelten Paprikaschoten, Frühlingszwiebeln, Maiskörnern, Champignons, Zucchini und Kräutern zu.

Käsesandwich

Für 4 Personen

8 Scheiben Toastbrot (à 25 g)
2 EL Knoblauch- oder Kräuterbutter (20 g)
4 kleine Tomaten (ca. 300 g)
1 kleine Zwiebel (ca. 40 g)
4 – 6 grüne, mit Paprikapaste gefüllte Oliven (ca. 20 g)
4 Scheiben Edamer (40 % F. i. Tr., à 25 g)

Pro Person etwa:
11 g Eiweiß, 12 g Fett, 27 g Kohlenhydrate (2,0 BE bzw. 2,2 KH-Portionen), 261 kcal

Den Grill einschalten oder den Backofen auf 180 °C vorheizen.
Vier Toastbrotscheiben dünn mit der gewürzten Butter bestreichen.
Die Tomaten waschen, mit Küchenpapier trockentupfen, die Stielansätze herausschneiden, die Tomaten in Scheiben schneiden und auf den gebutterten Brotscheiben anordnen.
Die Zwiebel schälen, fein hacken und auf die Tomaten verteilen. Die Oliven in dünne Scheiben schneiden und darauf anordnen.
Jedes belegte Brot mit einer Scheibe Käse belegen, darauf jeweils eine Scheibe Toast legen und das Ganze auf ein Blech setzen.
Unter dem Grill oder im Backofen überbacken, bis der Käse geschmolzen und das Brot leicht gebräunt ist. Die Sandwichs warm servieren.

Für 4 Personen

1 Baguette (ca. 250 g)
1 kleine Zwiebel (ca. 40 g)
2 Knoblauchzehen
1 Bund Dill
1 Bund Schnittlauch
1 rote Paprikaschote (ca. 150 g)
2 kleine Gewürzgurken
(ca. 100 g)
100 g gekochter Schinken
(ohne Fettrand)
250 g Speisequark,
(20 % F. i. Tr.)
50 g saure Sahne (10 % Fett)
Pfeffer
Salz
einige Salatblätter

Pro Person etwa:
21 g Eiweiß, 6 g Fett, 40 g Kohlenhydrate (3,1 BE bzw. 3,4 KH-Portionen), 302 kcal

Gefülltes Baguette

Das Brot in vier gleichgroße Stücke schneiden und jedes Stück leicht aushöhlen.
Die Zwiebel und den Knoblauch schälen und fein hacken. Die Kräuter waschen, mit Küchenpapier trockentupfen, fein hacken und zusammen mit den Zwiebel- und Knoblauchwürfeln in eine Schüssel geben.
Die Paprikaschote waschen, trockentupfen, halbieren, Stielansätze, Kerne und weiße Innenteile entfernen, das Fruchtfleisch sehr fein hacken und zu den Zutaten in die Schüssel geben. Die Gurken fein hacken und zufügen. Den Schinken fein würfeln und zugeben.
Alles gut vermischen, Quark sowie die saure Sahne unterrühren und mit Pfeffer und Salz würzen.
Die Salatblätter waschen, trockenschleudern und putzen.
Die Creme in die ausgehöhlten Brotstücke füllen, die Enden jeweils mit einem Salatblatt abdecken.
Die Brote auf Teller anrichten und nach Belieben – z.B. mit Radieschen oder Tomatenachteln – garnieren.

Tipp: Gefülltes Baguette eignet sich prima zum Mitnehmen an den Arbeitsplatz oder für unterwegs.

Knuspriges Fladenbrot mit Gurken und Schafkäse

Für 6 Personen

1 türkisches Fladenbrot (ca. 400 g)
30 g Kräuter- oder Knoblauchbutter
300 g Salatgurke
200 g griechischer Schafkäse (40 % F. i. Tr.)
weißer Pfeffer aus der Mühle

Pro Person etwa:
12 g Eiweiß, 10 g Fett, 38 g Kohlenhydrate (3,1 BE bzw. 3,4 KH-Portionen), 285 kcal

Den Backofen auf 180 °C vorheizen.
Das Fladenbrot mit einem langen Messer quer durchschneiden, so dass zwei Scheiben entstehen. Die Scheiben mit der Schnittfläche nach unten im Backofen auf mittlerer Einschubleiste goldbraun rösten, herausnehmen und auf die noch warmen Brothälften die Kräuter- oder Knoblauchbutter streichen.
Das Gurkenstück waschen, trockentupfen, die Enden knapp abschneiden und die Gurke in Scheiben schneiden. Gurkenscheiben auf einer Brotscheibe verteilen, den Schafkäse mit den Fingern zerkrümeln und darüber streuen. Das Ganze mit Pfeffer übermahlen, die zweite Brothälfte darauf setzen und das Fladenbrot tortenartig in 6 Stücke schneiden.

Hauptgerichte warm und kalt

Die moderne Diabeteskost ist wesentlich moderater als dies früher der Fall war. Im Grunde orientiert sie sich an den Regeln für gesunde Ernährung, die die Deutsche Gesellschaft für Ernährung für den stoffwechselgesunden Menschen aufgestellt hat. Rigorose Verbote gibt es also nicht mehr. Wenn der übergewichtige Diabetiker die Kalorien- und Fettzufuhr reduziert, hat er den wichtigsten Schritt zu einer besseren Stoffwechsellage schon getan. Die folgenden Hauptmahlzeiten werden Sie davon überzeugen, dass auch Diabetiker schmackhaft und abwechslungsreich essen können und auf dem täglichen Speisezettel nichts vermissen müssen.

Pilzpfanne

Für 4 Personen

250 g frische Champignons
250 g Austernpilze
250 g frische Shi-Take-Pilze (aus dem Asienladen oder vom Markt)
2 EL Sonnenblumenöl
50 g mager durchwachsener Räucherspeck oder magerer Schinkenspeck
1 Zwiebel (ca. 70 g)
1 TL Essigessenz (25 % Säure)
1 Bund Lauchzwiebeln (200 g)
weißer Pfeffer aus der Mühle, Salz

Pro Person etwa:
8 g Eiweiß, 10 g Fett, 7 g Kohlenhydrate (0,6 BE bzw. 0,7 KH-Portionen), 157 kcal

Die Pilze waschen, trockentupfen, die Champignons falls nötig putzen, von den Austernpilzen die harten Stiele herausdrehen, die Pilze klein schneiden.
Das Öl in einer beschichteten Pfanne erhitzen. Den Schinken oder Speck in kleine Würfel schneiden und im Öl anbraten, herausnehmen und beiseite stellen.
Die Zwiebel schälen und fein würfeln. Im Bratfett glasig dünsten und die Essigessenz zugeben.
Die Lauchzwiebeln waschen, trockentupfen, den grünen Teil schräg in Ringe schneiden und den weißen Teil würfeln. Die Lauchzwiebeln und die Pilze in die Pfanne geben und unter gelegentlichem Wenden etwa 10 Minuten dünsten. Mit Pfeffer und Salz würzen.
Zum Schluss die Schinken-oder Speckwürfel untermischen.

Tipp: Dazu passen Pellkartoffeln und Blattsalat. Für den Diabetiker rechnen Sie etwa 200 Gramm Pellkartoffeln (zusätzlich 142 kcal, 4 g Eiweiß, praktisch kein Fett, 30 g Kohlenhydrate).

Erdbeer-Joghurt-Müsli,
Rezept Seite 47

Spargel in Haferpfannkuchen
Rezept Seite 91

oben: Lauchtorte, Rezept Seite 118

unten: Champignons mit kerniger Kräuterfüllung, Rezept Seite 90

oben: Champignonpuffer mit Kräuterquark, Rezept Seite 89
rechts: Pilzpfanne, Rezept Seite 88

oben: Seelachsfilets mit gefüllten Tomaten und Champignons, Rezept Seite 135
rechts: Geflügelpastete, Rezept Seite 82

Quarkkreme mit Pfirsichen, Rezept Seite 141

Champignonpuffer mit Kräuterquark

Für 4 Personen

Für die Puffer:
800 g Champignons
2 EL Zitronensaft
1 Zwiebel (ca. 70 g)
1 Knoblauchzehe
4 frische Eier (Gew. Kl. M)
100 g kernige Haferflocken
50 g zarte Haferflocken
75 g Weizenvollkornmehl
Pfeffer, Salz
1 Bund Kerbel
50 g Butter oder Margarine

Für den Quark:
1 Bund Schnittlauch
1 Bund Petersilie
250 g Speisequark,
(20 % F. i. Tr.)
2 EL saure Sahne (10 % Fett, 50 g)
100 g gerührter Magermilchjoghurt (0,2 % Fett)

Zum Garnieren:
2 Tomaten (ca. 150 g)
frisches Basilikum

Pro Person etwa:
28 g Eiweiß, 25 g Fett, 41 g Kohlenhydrate (3,4 BE bzw. 3,7 KH-Portionen), 503 kcal

Die Champignons waschen, mit Küchenpapier trockentupfen, falls nötig putzen, fein hacken und in eine Schüssel geben. Den Zitronensaft untermischen.
Die Zwiebel und den Knoblauch schälen, fein hacken und dazu geben. Die Eier dazugeben, alles miteinander verrühren, die Haferflocken sowie das Mehl untermischen und den Teig mit Pfeffer und Salz würzen.
Den Kerbel waschen, trockentupfen, fein hacken und unter den Teig mischen. Den Teig etwa 10 Minuten quellen lassen.
Eine beschichtete Pfanne erhitzen, etwas Butter darin schmelzen und aus dem Teig nacheinander acht flache Puffer goldbraun ausbacken. Zwischendurch die Pfanne mit Butter ausstreichen.
Die Kräuter waschen, trockentupfen, fein hacken und zusammen mit dem Quark, der sauren Sahne und dem Joghurt in eine Schüssel geben. Alles gut miteinander verrühren, mit Pfeffer und Salz kräftig würzen.
Die Tomaten waschen, trockentupfen, die Stielansätze herausschneiden und die Tomaten achteln.
Pro Person 2 Champignonpuffer auf einem Teller anrichten, mit jeweils 4 Tomatenachteln und etwas Basilikum garnieren und den Kräuterquark dazu servieren.

Tipp: Statt Champignons können Sie auch Austernpilze verwenden.

Champignons mit kerniger Kräuterfüllung und Feldsalat

Für 4 Personen

Für die gefüllten Champignons:
16 große Champignons (ca. 800 g)
1 Zwiebel (ca. 70 g)
1 Knoblauchzehe
60 g kernige Haferflocken
1 EL Sonnenblumenöl
200 g Tomaten
150 g rote Paprikaschote
je 1 EL frischer feingehackter Estragon, Thymian, Majoran
Pfeffer
50 g geriebener Gouda
75 g weiche Butter

Für den Salat:
200 g Feldsalat
1 TL Zitronensaft
2 EL Weißweinessig
1 EL mittelscharfer Senf
3 EL heiße Gemüsebrühe (aus Instantpulver)
Pfeffer
je 1 1/2 EL feingehackter Schnittlauch und Petersilie
2 EL Sonnenblumenöl (20 g)

Pro Person etwa:
12 g Eiweiß, 29 g Fett, 14 g Kohlenhydrate (0,8 BE bzw. 0,9 KH-Portionen), 366 kcal

Die Champignons waschen, vorsichtig mit Küchenpapier abtupfen, die Stiele herausdrehen und die Köpfe beiseite legen. Die Zwiebel und den Knoblauch schälen, fein hacken, die Champignonstiele ebenfalls fein hacken und alles mit den Haferflocken mischen.
In einer beschichteten Pfanne das Öl erhitzen und die Pilzmischung darin andünsten. Die Tomaten und die Paprikaschote waschen, trockentupfen, halbieren, die Stielansätze herausschneiden und die Tomaten fein würfeln. Aus der Paprikaschote die Kerne und weißen Innenteile entfernen, das Fruchtfleisch ebenfalls fein würfeln. Das Gemüse zu der Pilzmischung in die Pfanne geben und mitdünsten. Mit Pfeffer und Salz würzen, Kräuter und die Hälfte des Käses untermengen.
Den Backofen auf 200 °C vorheizen und eine feuerfeste Form mit Butter ausstreichen. Die Champignonköpfe außen mit Butter bestreichen und mit der Öffnung nach oben in die Form setzen. Jeweils 2 Teelöffel von der Gemüsefüllung in die Öffnungen geben, den restlichen Käse darüber verteilen und die Pilze auf mittlerer Einschubleiste etwa 10 Minuten backen.
Inzwischen den Feldsalat waschen, trockenschleudern, putzen und in eine Schüssel geben. Zitronensaft mit Essig, Senf und Brühe verrühren, mit Pfeffer würzen, Kräuter untermischen, das Öl darunterschlagen. Das Dressing über den Salat geben, alles vorsichtig wenden. Den Salat zusammen mit den gefüllten Pilzen servieren.

Spargel in Haferpfannkuchen

Für 4 Personen

Für die Pfannkuchen:
2 frische Eier (Gew. Kl. M)
80 g Mehl
120 g kernige Haferflocken
60 ml Milch
60 ml kohlensäurehaltiges Mineralwasser
Salz
5 EL Sonnenblumenöl (50 g)

Für die Füllung:
1 kg Stangenspargel
Salz
250 g Mozzarella
2 EL Creme fraîche
1/2 Bund Petersilie
1/2 Bund Schnittlauch
Pfeffer
1 TL Zitronensaft

Butter für die Form

Für den Guss:
75 g saure Sahne (10 % Fett)
1 frisches Eigelb (Gew. Kl. M)
Pfeffer
geriebene Muskatnuss, Salz
3 EL geriebener Parmesan (30 g)

Für den Teig die Eier mit einem Schneebesen verrühren, das Mehl sowie 40 Gramm Haferflocken, die Milch und das Mineralwasser unterrühren und mit Salz würzen. Den Teig 30 Minuten quellen lassen, währenddessen ein paar Mal durchrühren.
Den Spargel waschen, putzen, vom Kopf her nach unten dünn schälen, in reichlich kochendes Salzwasser geben und das Gemüse etwa 15 Minuten bissfest kochen.
Den Mozzarella fein würfeln und zusammen mit der Creme fraîche in eine Schüssel geben. Die Kräuter waschen, mit Küchenpapier trockentupfen, fein hacken und zufügen. Alles vermischen und mit Pfeffer, Salz und Zitronensaft abschmecken.
Eine feuerfeste Form mit Butter ausstreichen und den Backofen auf 200 °C vorheizen.
Den Teig durchrühren und eine beschichtete Pfanne erhitzen. Etwas Öl darin heiß werden lassen, einen EL der restlichen Haferflocken hineinstreuen und 1/8 Pfannkuchenteig darauf verteilen. Einen Pfannkuchen goldgelb ausbacken und nacheinander den restlichen Teig in gleicher Weise zu insgesamt 8 dünnen Pfannkuchen backen.
Den Spargel mit einer Schaumkelle aus dem Sud nehmen und abtropfen lassen. Je 5 bis 7 Stangen Spargel auf einen Pfannkuchen legen, 1/8 der Mozzarellamischung darüber verteilen, jeden Pfannkuchen aufrollen und in die Form einschichten.
Für den Guss die saure Sahne zusammen mit dem Eigelb verquirlen, Pfeffer, Muskat, Salz und Parmesan unterrühren, alles über die Pfannkuchen verteilen. Die Pfannkuchen im Backofen auf mittlerer Einschubleiste etwa 15 Minuten überbacken.

Pro Person etwa:
31 g Eiweiß, 36 g Fett, 39 g Kohlenhydrate (2,8 BE bzw. 3,1 g KH-Portionen), 609 kcal

Gefüllte Gemüsezwiebeln mit Champignon-Käsekruste

Für 4 Personen

Für die gefüllten Zwiebeln:
4 Gemüsezwiebeln
(à ca. 250 g)
1 l Fleischbrühe (aus Würfel oder Instantpulver)
150 g gemischtes Hackfleisch
1 TL mittelscharfer Senf
1 TL Tomatenmark
Pfeffer, Salz
1 Msp. getrockneter Majoran
1 frisches Ei (Gew. Kl.S)
40 g Semmelbrösel

Für die Sauce:
200 g frische Champignons
1 EL Butterschmalz
200 g Kräuterschmelzkäse
(45 % F. i. Tr.)
Pfeffer, Salz
1 EL Zitronensaft
½ Bund frische Petersilie
2 EL Schnittlauchröllchen

Außerdem:
Butter für die Form

Pro Person etwa:
20 g Eiweiß, 26 g Fett, 28 g Kohlenhydrate (2,1 BE bzw. 2,3 KH-Portionen), 478 kcal

Die Zwiebeln schälen. Die Brühe aufkochen und die Zwiebeln darin 20 Minuten zugedeckt bei milder Hitze garen. Mit einer Schaumkelle herausnehmen, gut abtropfen und etwas abkühlen lassen. Brühe beiseite stellen.
Von den Zwiebeln jeweils einen Deckel flach abschneiden, dann die Zwiebeln mit einem scharfkantigem Teelöffel oder einem Kugelausstecher aushöhlen, dabei einen etwa ½ cm dicken Rand und Boden stehen lassen. Das ausgehöhlte Fruchtfleisch fein wiegen und die Häfte davon in eine Schüssel geben. Hackfleisch, Senf, Tomatenmark, Gewürze und Majoran dazugeben, das Ei unterrühren und alles zu einem glatten Teig verarbeiten. Die Brösel untermischen und den Teig in die ausgehöhlten Zwiebeln füllen.
Den Backofen auf 200 °C vorheizen und eine feuerfeste Form mit etwas Butter ausstreichen. Die gefüllten Zwiebeln hineinsetzen, auf jede einen Deckel setzen, dann etwa 200 ml heiße Brühe angießen und das Ganze zugedeckt im Backofen auf mittlerer Einschubleiste 30 bis 40 Minuten schmoren.
Inzwischen die Champignons waschen, trockentupfen, putzen und ¾ davon fein wiegen. In Butterschmalz anbraten und die austretende Flüssigkeit etwas einkochen lassen. Den Schmelzkäse löffelweise einrühren und die Sauce mit Pfeffer, Salz und Zitronensaft würzen. Die Petersilie waschen, trockenschütteln und die zarten Zweige fein wiegen. Zusammen mit dem Schnittlauch unter die Sauce mischen.

Die gefüllten Zwiebeln aus dem Backofen nehmen, die Deckel abnehmen und neben die Zwiebeln in die Brühe legen. Die Champignon-Käse-Sauce über die gefüllten Zwiebeln gießen. Die restlichen Champignons blättrig schneiden und zusammen mit dem restlichen Fruchtfleisch der Zwiebeln in die Brühe geben. Alles noch einmal 20 Minuten im Backofen gratinieren. Vor dem Servieren die Zwiebeldeckel wieder auf die überbackenen Zwiebeln setzen.

Kohlrabigratin

Für 4 Personen

1 kg Kohlrabi mit Grün
25 g Sonnenblumenmargarine
Pfeffer
geriebene Muskatnuss
Salz
100 ml Gemüsebrühe (aus Würfel oder Instantpulver)
2 frische Eier (Gew. Kl. M)
50 ml Milch
75 g geraspelter Gouda

Pro Person etwa:
13 g Eiweiß, 14 g Fett, 11 g Kohlenhydrate (0,8 BE bzw. 0,9 KH-Portionen), 234 kcal

Kohlrabi schälen, die zarten Stiele mit den Blättchen waschen und fein hacken. Kohlrabiknollen in dünne Scheiben schneiden.
Die Margarine in einem Topf erhitzen und die Kohlrabischeiben sowie die Stiele und die Blätter darin unter gelegentlich Umrühren andünsten. Das Gemüse mit Pfeffer, Muskat sowie Salz würzen, mit Brühe ablöschen und 5 Minuten bei milder Hitze durchköcheln lassen.
Den Backofen auf 200 °C vorheizen. Die Eier mit einem Schneebesen verquirlen, die Milch unterrühren und die Mischung mit Pfeffer und Salz würzen.
Das Gemüse in eine Gratinform füllen, die Eiermilch darüber verteilen und das Ganze mit dem Käse bestreuen. Den Gratin auf mittlerer Einschubleiste etwa 15 Minuten überbacken, bis die Eier gestockt sind und der Käse eine goldbraune Kruste gebildet hat.

Tipp: Dazu passen Kartoffelpüree und Lammkoteletts. Wenn es vegetarisch sein soll, servieren Sie dazu Grünkernbratlinge und Kräutersauce.

Für 4 Personen

2 mittelgroße Blumenkohlköpfe (ca. 1,2 kg)
1 Schuss Essig
Salz
25 g Sonnenblumenmargarine
100 g gekochter Schinken ohne Fettrand
30 g Mehl
50 g Sahne
300 ml Gemüsebrühe (aus Würfel oder Instantpulver)
75 g geraspelter Emmentaler
2 EL feingehackte Petersilie
Pfeffer
geriebene Muskatnuss

Pro Person etwa:
21 g Eiweiß, 16 g Fett, 14 g Kohlenhydrate (1,2 BE bzw. 1,3 KH-Portionen), 300 kcal

Blumenkohl mit Käsesauce

Vom Blumenkohl die grünen Blätter und das Strunkende wegschneiden. Die Köpfe in Essigwasser tauchen, damit kleine Insekten vom Gemüse abgelöst und ausgeschwemmt werden. Das Gemüse anschließend unter kalten Wasser abspülen und abtropfen lassen. Die Köpfe vom Strunkende her halbieren und in einem großen Topf mit kochendem Salzwasser etwa 20 Minuten zugedeckt garen.
Inzwischen die Margarine in einem Topf erhitzen. Den Schinken fein würfeln und darin anbraten. Das Mehl darüber stäuben, unter Rühren hell anschwitzen und den Topf vom Herd nehmen. Die Sahne unterrühren, den Topf wieder auf die heiße Herdplatte stellen und unter Rühren die Brühe angießen. Alles mit einem Schneebesen zu einer glatten Sauce verrühren. Unter Rühren 5 Minuten bei milder Hitze durchköcheln lassen. Die Herdplatte abschalten und die Hälfte des Käses einrühren. Die Petersilie untermischen und die Sauce mit Pfeffer, Muskat und Salz abschmecken.
Den Backofen auf 200 °C vorheizen. Blumenkohl mit einer Schaumkelle aus dem Kochwasser nehmen, gut abtropfen lassen und die Hälften in einer großen feuerfesten Formen wieder zu ganzen Köpfen zusammensetzen. Die Sauce darüber verteilen und den restlichen Käse darauf streuen. Auf mittlerer Einschubleiste 10 Minuten überbacken.

Tipp: Dazu passen Salzkartoffeln. Rechnen Sie für Diabetiker 200 g Kartoffeln (zusätzlich 142 kcal und 29,6 g Kohlenhydrate). Die Diabetikerportion hat dann 3,7 BE bzw. 4,0 KH-Portionen.

Kürbis-Karotten-Auflauf

Für 4 Personen

2 Zwiebeln (ca. 100 g)
1 Knoblauchzehe
250 g Karotten
500 g Lauch (am besten nur die grünen Teile)
1 ganzer kleiner Kürbis von knapp 1 kg Gewicht (etwa 500 g Kürbisfleisch)
3 EL Sonnenblumenöl (30 g)
75 g Sonnenblumenkerne
Pfeffer
Ingwerpulver
Salz
etwas Instant-Gemüsebrühe zum Abschmecken
75 g Gouda
3 frische Eier (Gew.-Kl. M)
75 g Sahne (40 % Fett)

Die Zwiebeln und den Knoblauch schälen und fein würfeln. Die Lauchzwiebeln waschen, putzen und grüne und weiße Teile getrennt in feine Ringe schneiden. Die Karotten waschen, putzen, abbürsten oder dünn schälen und in knapp 1/2 cm breite Stücke schneiden. Den Lauch putzen, quer in Scheiben schneiden und in einem Sieb gründlich waschen. Den Kürbis mit einem sehr scharfen Messer schälen, mit einem Löffel den weichen Faserteil mit den Kernen herauskratzen und das feste Fruchtfleisch würfeln.

Den Backofen auf 200 °C vorheizen und eine Auflaufform mit 1 EL Öl ausstreichen.

In einem großen Topf das restliche Öl erhitzen. Zwiebeln und Knoblauch darin kurz anbraten. Die Karotten dazugeben und alles bei mittlerer Hitze und geschlossenem Deckel einige Minuten dünsten, gelegentlich umrühren. Den Lauch und den Kürbis zu den Karotten geben, gut umrühren und das Gemüse 5 Minuten zugedeckt dünsten.

Sonnenblumenkerne in einer beschichteten Pfanne ohne Fettzugabe unter Wenden goldgelb rosten.

Das Gemüse mit Pfeffer, Ingwer, Salz und gekörnter Gemüsebrühe pikant würzen. Einige Minuten unter gelegentlichem Rühren weiter garen. Gut die Hälfte der Sonnenblumenkerne untermischen. Den Käse fein raspeln.

Die Eier zusammen mit der Sahne und dem Käse verquirlen, mit etwas Salz und Pfeffer würzen.

Das Gemüse in eine feuerfeste Form füllen und die Eiersahne darüber gießen. Die restlichen Sonnenblumenkerne darauf streuen und den Auflauf im heißen Ofen auf mittlerer Einschubleiste 12 bis 20 Minuten goldbraun überbacken.

Pro Person etwa:
20 g Eiweiß, 32 g Fett, 22 g Kohlenhydrate (1,2 BE bzw. 1,3 KH-Portionen), 462 kcal

Überbackener Fenchel

Für 4 Personen

1 kg Fenchelknollen mit Grün
Salz
1 Knoblauchzehe
100 g Frühlingszwiebeln
2 EL Sonnenblumenmargarine (20 g)
50 g Sahne (40 % Fett)
100 ml Gemüsebrühe (aus Würfel oder Instantpulver, mit Fenchelsud zubereitet)
Pfeffer
1 TL getrocknete Kräuter der Provence
50 g Semmelbrösel
50 g geriebener Parmesan oder Pecorino

Pro Person etwa:
12 g Eiweiß, 11 g Fett, 16 g Kohlenhydrate (1,3 BE bzw. 1,4 KH-Portionen), 217 kcal

Den Fenchel waschen, mit Küchenpapier trockentupfen, putzen, die Stiele mit dem Grün fein hacken und die Knollen der Länge nach vierteln. Reichlich leicht gesalzenes Wasser zum Kochen bringen und die Fenchelviertel darin etwa 7 Minuten garen. Mit einer Schaumkelle herausnehmen und abtropfen lassen.

Den Knoblauch schälen und fein hacken. Die Frühlingszwiebeln waschen, trockentupfen, putzen, den grünen Teil in schmale Ringe und den weißen Teil in kleine Würfel schneiden. 1 EL Margarine in einer Pfanne erhitzen, den Knoblauch und die Frühlingszwiebeln darin andünsten, die Sahne angießen und durchköcheln lassen.

Aus 100 ml Fenchelsud zusammen mit etwas Instant-Gemüsebrühe oder Brühwürfel eine Brühe zubereiten und in die Pfanne geben. Die Sauce mit Pfeffer und Kräutern würzen und etwas einkochen lassen.

Den Backofen auf 200 °C vorheizen. Die Fenchelviertel in eine feuerfeste Form legen und die Sauce darüber verteilen.

Die Pfanne mit Küchenpapier auswischen, restliche Butter darin erhitzen und die Semmelbrösel darin hell anrösten, etwas abkühlen lassen und unter den Käse mischen. Diese Mischung über dem Fenchel verteilen und das Gemüse im vorgeheizten Backofen etwa 20 Minuten überbacken.

Kartoffelpfanne mit Käse

Für 4 Personen

750 g festkochende Kartoffeln
300 g Karotten
300 g Lauch
Salz
150 g Champignons
100 g Zwiebeln
75 g mager durchwachsener Speck
40 g Butterschmalz
Pfeffer
100 g Allgäuer Bergkäse
3 EL Schnittlauchröllchen

Die gewaschenen Kartoffeln mit Schale ca. 25 Minuten kochen.
In der Zwischenzeit die Karotten und den Lauch waschen, putzen, die Karotten schälen und das Gemüse in Scheiben bzw. Ringe schneiden. In kochendem Salzwasser ca. 2-3 Minuten blanchieren. Anschließend kalt abbrausen.
Die Champignons waschen, trockentupfen, putzen und halbieren oder vierteln. Die Zwiebeln schälen und achteln. Die Kartoffeln pellen und je nach Größe vierteln oder in kleinere Stücke schneiden. Den Speck in feine Streifen schneiden.
Das Butterschmalz in einer großen Pfanne erhitzen. Den Speck darin anbraten, herausnehmen und zur Seite stellen.
Die Kartoffeln und das Gemüse portionsweise in dem Fett braten. Zusammen mit dem Speck wieder in die Pfanne geben, mit Pfeffer und Salz würzen. Den gewürfelten Käse darüber streuen, den Deckel auflegen und bei schwacher Hitze den Käse schmelzen lassen.
Mit Schnittlauchröllchen bestreut servieren.

Pro Person etwa:
17 g Eiweiß, 25 g Fett, 36 g Kohlenhydrate (2,3 BE bzw. 2,5 KH-Portionen), 450 kcal

Für 4 Personen

600 g gekochte Pellkartoffeln
1 Zwiebel (ca. 40 g)
2 Knoblauchzehen
1 Aubergine (ca. 400 g)
Salz
200 g Tomaten
300 g Zucchini
1 Bund glatte Petersilie
3 EL Olivenöl (30 g)
weißer Pfeffer aus der Mühle
150 ml Gemüsebrühe (aus Würfel oder Instantpulver)
150 g griechischer Schafkäse (40 % F. i. Tr.)

Pro Person etwa:
13 g Eiweiß, 16 g Fett, 29 g Kohlenhydrate (1,9 BE bzw. 2,1 KH-Portionen), 313 kcal

Vegetarische Moussaka

Die Pellkartoffeln pellen und in Scheiben schneiden. Die Zwiebel und den Knoblauch schälen und fein hacken. Die Aubergine waschen, mit Küchenpapier trockentupfen, die Enden knapp abschneiden, dann das Gemüse der Länge nach halbieren und die Hälften quer in dünne Scheiben schneiden. Die Tomaten waschen, trockentupfen, die Stielansätze herausschneiden und die Tomaten in Scheiben schneiden. Die Zucchini waschen, trockentupfen, die Enden knapp abschneiden und das Gemüse in dünne Scheiben schneiden. Die Petersilie waschen, trockentupfen und fein hacken.
Das Öl in einer beschichteten Pfanne erhitzen, die Zwiebel und den Knoblauch darin anbraten, die Auberginen- und Zucchinischeiben dazugeben, mitdünsten und alles mit Pfeffer, Salz und Petersilie vermengen.
Den Backofen auf 200 °C vorheizen. Das gedünstete Gemüse abwechselnd mit den Kartoffel-und Tomatenscheiben in eine feuerfeste Form einschichten. Die Brühe darüber verteilen.
Den Käse zerbröckeln oder in kleine Würfel schneiden, über dem Gemüse verteilen und das Ganze auf mittlerer Einschubleiste etwa 20 Minuten backen.

Tipp: Dazu passen gebratene Lammkoteletts oder Hacksteaks. Wenn der Hunger nicht so groß ist, oder Sie Kalorien sparen wollen, reicht das Gericht ohne weitere Beilagen.

Kartoffel-Lauch-Gratin

Für 4 Personen

800 g festkochende Kartoffeln
400 g Lauch
1 Zwiebel (ca. 40 g)
25 g Sonnenblumenmargarine
30 g Mehl
50 ml Milch
1/8 l Gemüsebrühe (aus Würfel oder Instantpulver)
Pfeffer
Kümmelpulver
geriebene Muskatnuss
Salz
100 g geraspelter Emmentaler

Pro Person etwa:
22 g Eiweiß, 14 g Fett, 39 g Kohlenhydrate (3,0 BE bzw. 3,2 KH-Portionen), 370 kcal

Die Kartoffeln waschen, schälen und in dünne Scheiben schneiden. Den Lauch waschen, putzen, die Stangen der Länge nach halbieren, dann quer in Streifen schneiden und das Gemüse nochmals abbrausen. Gut abtropfen lassen. Die Zwiebel schälen und fein würfeln.
Eine feuerfeste Form mit etwas Margarine ausstreichen und die Kartoffelscheiben sowie den Lauch einschichten.
Die restliche Margarine in einem Topf erhitzen und die Zwiebelwürfel darin glasig werden lassen. Das Mehl darüber stäuben und unter Rühren hell anschwitzen. Den Topf vom Herd nehmen, die Milch einrühren und alles wieder erhitzen. Unter ständigem Rühren durchköcheln lassen, nach und nach die Brühe unterrühren und zu einer glatten Sauce verrühren. Bei milder Hitze 5 Minuten köcheln lassen.
Den Backofen auf 180 °C vorheizen. Die Sauce mit Pfeffer, Kümmel, Muskat und Salz abschmecken und über das Gemüse gießen. Auf mittlerer Einschubleiste etwa 30 Minuten garen, den Käse darauf verteilen und noch weitere 20 Minuten überbacken, bis die Oberfläche goldbraun und knusprig ist.

Tipp: Dazu passen Cevapcici oder Frikadellen sehr gut. Auch gegrillte Bratwürstchen schmecken prima dazu.

Rösti mit Gemüse

Für 4 Personen

700 g festkochende Kartoffeln
100 g Karotten
200 g Zucchini
1 Zwiebel (ca. 40 g)
4 EL Sonnenblumenöl
Pfeffer
geriebene Muskatnuss
Salz

Pro Person etwa:
5 g Eiweiß, 11 g Fett, 29 g Kohlenhydrate (2,2 BE bzw. 2,4 KH-Portionen), 233 kcal

Die Kartoffeln waschen, schälen und auf einer Gemüsereibe grob raspeln. Die Karotten waschen, putzen schälen und dazu raspeln. Die Zucchini waschen, mit Küchenpapier trockentupfen, die Enden knapp abschneiden und die Zucchini zum übrigen Gemüse raspeln. Die Zwiebel schälen, fein hacken und dazugeben. Alles gut miteinander mischen und mit Pfeffer, Muskat sowie Salz würzen. Eine beschichtete Pfanne erhitzen, etwas Öl darin verteilen und die Gemüsemischung darin ausbreiten, bei milder Hitze anbraten, bis die Unterseite knusprig ist.
Den Fladen auf einen Teller gleiten lassen, auf einen zweiten Teller stürzen, das restliche Öl in die Pfanne geben und den Kartoffelfladen zurück in die Pfanne gleiten lassen. Nun die zweite Seite knusprig braten.
Den Deckel auf die Pfanne legen und das Rösti bei schwacher Hitze fertig garen.

Tipp: Sehr gut schmeckt dazu ein Rote-Bete-Salat. Rote Bete müssen allerdings bei der BE bzw. KH-Anrechnung berücksichtigt werden.

Mediterrane Kartoffelpfanne

Für 4 Personen

800 g gekochte Pellkartoffeln
400 g Zucchini
1 rote Paprikaschote (ca. 150 g)
1 Zwiebel (ca. 40 g)
2 Knoblauchzehen
4 EL Olivenöl (40 g)
Pfeffer
geriebene Muskatnuss
Salz
je 1/2 TL getrockneter Thymian und Majoran
100 g Mozzarella (Abtropfgewicht)

Pro Person etwa:
11 g Eiweiß, 16 g Fett, 33 g Kohlenhydrate (2,5 BE bzw. 2,7 KH-Portionen), 325 kcal

Die Kartoffeln pellen und in Scheiben schneiden. Die Zucchini und die Paprikaschote waschen und mit Küchenpapier trockentupfen. Von den Zucchini die Enden knapp abschneiden, das Gemüse in dünne Scheiben schneiden oder würfeln. Die Paprikaschote halbieren, Stielansätze, Kerne und weiße Innenteile entfernen, das Fruchtfleisch in feine Streifen oder kleine Würfel schneiden. Die Zwiebel und den Knoblauch schälen und fein hacken.

In einer beschichteten Pfanne das Öl erhitzen. Die Zwiebeln und den Knoblauch darin anbraten, Paprika sowie Zucchini dazugeben und mit Pfeffer, Muskat und Salz würzen. 5 Minuten unter gelegentlichem Wenden bei milder Hitze dünsten, anschließend die Kartoffeln und die Kräuter dazugeben. Alles vorsichtig miteinander vermischen.

Sobald die Kartoffeln leicht angebraten sind, den Käse in kleine Würfel schneiden und über das Gericht streuen. Den Deckel auf die Pfanne legen und den Käse miterhitzen, bis er zu schmelzen beginnt.

Für 4 Personen

700 g mehligkochende Kartoffeln
4 kleine Fenchelknollen (à ca. 150 g) mit Grün
Salz
25 g Butter
100 ml kochend heiße Milch
2 frische Eier (Gew. Kl. M)
Pfeffer
geriebene Muskatnuss
100 g geraspelter Bergkäse

Pro Person etwa:
18 g Eiweiß, 13 g Fett, 31 g Kohlenhydrate (2,3 BE bzw. 2,5 KH-Portionen), 321 kcal

Fenchel unter der Kartoffelhaube

Die Kartoffeln waschen, schälen und knapp mit Wasser bedeckt im geschlossenen Topf etwa 25 Minuten garen.
Die Fenchelknollen waschen, putzen, die Stiele und das Grün fein hacken und die Knollen der Länge nach halbieren. Die Fenchelhälften in reichlich Salzwasser 10 Minuten kochen. Dann mit einer Schaumkelle herausnehmen.
Eine feuerfeste Form mit etwas Butter ausstreichen und den Backofen auf 180 °C vorheizen.
Die Kartoffeln abgießen, die Butter sowie die Milch dazugeben und alles mit den Rührbesen eines elektrischen Handrührgeräts zu einem glatten Brei verquirlen. Mit Salz würzen. Die Eier sorgfältig trennen, das Eigelb unter die Kartoffelmasse rühren, mit Pfeffer und Muskat würzen.
Die Fenchelhälften mit der Schnittfläche nach unten in die Form legen. Mit Pfeffer, Muskat und Salz würzen.
Das Eiweiß steif schlagen und den Eischnee mit einem Schneebesen unter die Kartoffelmasse ziehen. Die Masse über die Fenchelknollen verteilen, glatt streichen und mit einer Gabel ein Wellenmuster hineinziehen.
Den Käse darüber streuen und das Ganze auf mittlerer Einschubleiste etwa 25 Minuten gratinieren.

Tipp: Dazu passen Frikadellen oder gegrilltes Fleisch.

Kartoffel-Kraut-Pfanne

Für 4 Personen

1 kg gekochte Pellkartoffeln
1 Zwiebel (ca. 70 g)
30 g Sonnenblumenöl (30 g)
500 g Sauerkraut
etwas Kümmel
Pfeffer, Salz

Die Kartoffeln pellen und in dünne Scheiben schneiden. Die Zwiebel schälen und fein hacken.
Das Öl in einer beschichteten Pfanne erhitzen. Die Zwiebelwürfel darin glasig dünsten, dann die Kartoffelscheiben dazugeben, anbraten und wenden.
Das Sauerkraut abtropfen lassen, dazugeben und alles vorsichtig vermischen. Mit Kümmel, Pfeffer und Salz abschmecken und etwa 15 Minuten unter gelegentlichem Wenden bei milder Hitze dünsten.

Pro Person etwa:
4 g Eiweiß, 8 g Fett, 39 g Kohlenhydrate (3,2 BE bzw. 3,4 KH-Portionen), 60 kcal

Spaghetti mit Karottensauce

Für 4 Personen

250 g Spaghetti (Rohgewicht)
Salz
Öl zum Kochen
500 g Karotten
1 Zwiebel (ca. 40 g)
1 Bund Koriander
1 EL Butter
150 ml Fleisch- oder Gemüsebrühe
Pfeffer
1 Msp. Currypulver
2 EL Creme fraiche (50 g)

Die Spaghetti in etwa 2 1/2 Liter kochendes Salzwasser geben, das Öl zufügen und die Nudeln bissfest garen.
Inzwischen die Karotten waschen, putzen, schälen und fein würfeln. Die Zwiebel schälen und fein würfeln. Den Koriander waschen, trockenschütteln und fein wiegen.
Die Butter in einem weiten Topf erhitzen, die Zwiebelwürfel darin glasig werden lassen, die Karotten zugeben, unter Rühren andünsten, den Koriander zufügen und das Gemüse mit der Brühe aufgießen. Zugedeckt etwa 20 Minuten bei mäßiger Hitze kochen.
Die Spaghetti auf ein Sieb schütten, abschrecken und mit zwei Gabeln auflockern.
Das Gemüse und die Kräuter im Topf mit einem Passierstab fein pürieren, die Sauce mit Pfeffer, Curry und Salz kräftig würzen, dann die Creme fraîche einrühren. Die Spaghetti kurz in der Sauce erwärmen und sofort servieren.

Pro Person etwa:
10 g Eiweiß, 8 g Fett, 51 g Kohlenhydrate (3,7 BE bzw. 4,0 KH-Portionen), 322 kcal

Für 4 Personen

400 g frische Champignons
500 g Karotten
100 g Zwiebeln
2 Knoblauchzehen
1 dünne Stange Lauch (ca. 75 g)
Salz
300 g TK-Erbsen
30 g Butter
40 g Mehl
100 ml Milch
Pfeffer
geriebene Muskatnuss
ein Spritzer Zitronensaft
1 Bund Basilikum
Butter für die Form
8 – 10 Lasagneblätter (ca. 250 g)
100 g Käsestifte (z.B. Edamer, 40 % F. i. Tr.)

Pro Person etwa:
24 g Eiweiß, 15 g Fett, 73 g Kohlenhydrate (5,4 BE bzw. 5,8 KH-Portionen), 543 kcal

Gemüselasagne

Die Champignons und die Karotten waschen, putzen, die Champignons blättrig schneiden, die Karotten schälen und in Scheiben schneiden. Die Zwiebel und den Knoblauch anziehen und fein würfeln. Den Lauch waschen, putzen und in Scheiben schneiden, diese zu Ringen auseinander drücken und nochmals gründlich waschen.

Gut 1 ½ Liter Wasser mit etwas Salz aufkochen, Karotten, Lauch, Zwiebeln und Knoblauch dazugeben und 5 Minuten blanchieren. Anschließend die Champignons und die TK-Erbsen zufügen und alles weitere 5 Minuten garen. Ein feines Sieb auf einen Topf setzen, das Gemüse darauf geben, gut abtropfen lassen und die Brühe auf 1 Liter Flüssigkeit einkochen lassen.

In einer Kasserolle die Butter erhitzen, das Mehl darüber stäuben und unter Rühren hell anschwitzen. Mit kalter Milch ablöschen und das Ganze neben dem Herd mit einem Schneebesen glattrühren. Wieder auf die Platte setzen, unter Rühren die Brühe hinzugeben und die Sauce bei schwacher Hitze 5 Minuten köcheln lassen. Mit Pfeffer, Muskat, Zitronensaft und Salz würzen.

Basilikum waschen, mit Küchenpapier trockentupfen, die Blättchen von den Stielen zupfen, fein wiegen und unter das Gemüse mischen.

Eine feuerfeste Form mit Butter ausstreichen und den Backofen auf 200 °C vorheizen.

Zunächst etwas Sauce in die Form geben, darauf eine Schicht ungekochter Lasagneblätter legen, dann Gemüse daraufschichten. In dieser Reihenfolge alle Zutaten verbrauchen, die letzte Schicht sollte aus Sauce bestehen.

Die Käsestifte darüber verteilen und die Lasagne auf mittlerer Einschubleiste etwa 30 Minuten backen.

Kartoffelpuffer mit Frischkäse und Crevetten

Für 4 Personen

Für die Puffer:
1 kg festkochende Kartoffeln
1 kleine Zwiebel (ca. 40 g)
1 frisches Ei (Gew. Kl. M)
Pfeffer, Salz
50 g Kartoffelmehl
50 g Butterschmalz zum Ausbacken

Für den Frischkäse:
125 g Sahnefrischkäse
125 g Kräuterfrischkäse
5 EL Milch
75 g Magerquark (10% F. i. Tr.)

Für die Crevetten:
10 g Butter, 1 Knoblauchzehe
10 Garnelenschwänze, ausgelöst (à 10 g)

Zum Garnieren:
20 g Keta-Kaviar
1 EL Schnittlauchröllchen

Pro Person etwa:
20 g Eiweiß, 22 g Fett, 52 g Kohlenhydrate (4,3 BE bzw. 4,7 KH-Portionen), 499 kcal

Die Kartoffeln schälen, waschen, mit Küchenpapier trockentupfen und auf einer Gemüsereibe grob raspeln. Die Zwiebel schälen und dazureiben. Beides vermischen und mit Pfeffer und Salz würzen. Das Ei und das Kartoffelmehl unterrühren.
Etwas Butterschmalz in einer beschichteten Pfanne erhitzen, pro Kartoffelpuffer jeweils 2 EL Kartoffelmasse in die Pfanne geben und goldbraun backen. Sobald die Unterseite fest ist, die Puffer vorsichtig wenden und die Oberseite fertigbacken. Den restlichen Kartoffelteig in gleicher Weise zu Puffern verarbeiten, dabei immer wieder etwas Butterschmalz in der Pfanne verteilen.
Die Frischkäsesorten zusammen mit der Milch und dem Quark verquirlen und mit Pfeffer und Salz würzen.
Die Butter in einer beschichteten Pfanne erhitzen. Den Knoblauch schälen, fein hacken und darin anbraten. Die Crevetten dazugeben und von beiden Seiten jeweils 1 Minuten kräftig anbraten.
Die Kartoffelpuffer mit Frischkäse, Crevetten, Kaviar und Schnittlauch servieren.

Für 6 Personen

12 Lasagneblätter (320 g)
Salz
400 g Karotten
25 g Buchweizengrütze oder Hirse
400 g Austernpilze
3 EL Schnittlauchröllchen
400 g Zucchini
100 g Sahne (40 % Fett)
80 g Blattspinat (TK-Ware)
4 EL zarte Haferflocken
100 g körniger Frischkäse
Pfeffer
geriebene Muskatnuss
25 g Butter
1/8 l Gemüsebrühe (aus Würfel oder Instantpulver)

Pro Person etwa:
14 g Eiweiß, 11 g Fett, 55 g Kohlenhydrate (4,0 BE bzw. 4,4 KH-Portionen), 378 kcal

Nudel-Gemüserolle mit Austernpilzragout

Die Lasagneblätter in Salzwasser garen.
Inzwischen die Karotten waschen, putzen, schälen und in Scheiben schneiden. Zusammen mit etwa 75 ml Wasser und dem Getreide in einen Topf geben, zum Kochen bringen und das Ganze zugedeckt etwa 30 Minuten bei milder Hitze garen.
Die Austernpilze falls nötig putzen, harte Stiele herausdrehen, die fleischigen Teile in mundgerechte Stücke schneiden.
Die Lasagneplatten mit einer Schaumkelle aus dem Wasser nehmen, abschrecken und auf zwei feuchten Geschirrtüchern in folgender Weise ausbreiten: Je zwei Platten mit der Schmalseite aneinander legen, eine dritte Platte auf die Naht legen, eine vierte Nudelplatte quer halbieren und die Hälften links und rechts an die dritten Platte anlegen. Die übrigen Lasagneplatten auf die gleiche Weise verarbeiten: Es entstehen so drei Nudelflächen mit jeweils 2 Lagen.
Die Zucchini waschen, trockentupfen, die Enden knapp abschneiden, das Gemüse fein würfeln und zusammen mit 4 EL Sahne in einen Topf geben und zugedeckt bei mäßiger Hitze etwa 5 Minuten dünsten. Den Spinat zugeben und das Gemüse offen noch 5 Minuten weitergaren, damit die Flüssigkeit verdampft.
Das Gemüse im Topf fein pürieren, 2 EL Haferflocken untermischen und das Ganze kurz quellen lassen. Die Hälfte des Frischkäses unterrühren und mit Pfeffer, Muskat und Salz würzen. Die Zucchinicreme auf die Nudelplatten streichen.

Die Karotten-Getreide-Mischung etwa 5 Minuten bei milder Hitze ohne Deckel köcheln lassen, damit Flüssigkeit verdampft. 4 EL Sahne untermischen und das Ganze mit einem Passierstab fein pürieren, die restlichen Haferflocken sowie den restlichen Frischkäse untermischen und das Püree mit Pfeffer und Salz würzen. Die Karottenmasse über die Zucchinimasse verteilen, glatt streichen und jede Nudelfläche von der schmalen Seite her zu einer Rolle formen.

Den Backofen auf 100 °C vorheizen und ein Blech mit etwas Butter einfetten.

Die Nudelrollen jeweils in vier Scheiben schneiden, auf das Blech legen, mit Alufolie abdecken und das Ganze auf mittlerer Einschubleiste etwa 10 Minuten heiß werden lassen.

Inzwischen die restliche Butter in einem Topf erhitzen und die Pilze darin anbraten. Den Schnittlauch und die restliche Sahne unterrühren und etwa 5 Minuten offen dünsten. Die Brühe unterrühren, das Pilzragout nochmals durchköcheln lassen, mit Pfeffer und Salz abschmecken. Die heißen Nudelrollen zusammen mit dem Pilzragout anrichten.

Schinkennudeln

Für 4 Personen

250 g Band- oder Spiralnudeln (Rohgewicht)
Salz
200 g gekochter Schinken in Scheiben, ohne Fettrand
1 Zwiebel (ca. 40 g)
25 g Sonnenblumenmargarine
2 EL feingehackte Petersilie
Pfeffer

Pro Person etwa:
23 g Eiweiß, 7 g Fett, 48 g Kohlenhydrate (4,0 BE bzw. 4,3 KH-Portionen), 349 kcal

Die Nudeln in etwa 2 1/2 l Salzwasser bissfest garen, auf ein Sieb schütten, gut abtropfen lassen und beiseite stellen.
Inzwischen den Schinken würfeln. Die Zwiebel schälen und fein hacken. Eine beschichtete Pfanne erhitzen, den Schinken darin zunächst ohne Fett anbraten, dann die Margarine und die Zwiebelwürfel dazugeben und kurz anbraten.
Die Nudeln in die Pfanne geben. Alles gut miteinander vermischen, mit Pfeffer und Salz würzen und mit Petersilie bestreut servieren.

Nudeln mit Knoblauch und Basilikum

Für 4 Personen

1 Bund Basilikum
3 Knoblauchzehen
2 EL Olivenöl (20 g)
100 ml trockener Weißwein
3 EL Sahne (40 % Fett, 30 g)
Pfeffer, Salz
300 g schmale Bandnudeln oder Spaghetti (Rohgewicht)
Salz

Pro Person etwa:
10 g Eiweiß, 8 g Fett, 58 g Kohlenhydrate (4,8 BE bzw. 5,2 KH-Portionen), 359 kcal

Das Basilikum waschen, mit Küchenpapier trockentupfen und fein hacken. Den Knoblauch schälen und durch ein Presse drücken.
Das Öl in einer beschichteten Pfanne erhitzen, den Knoblauch und das Basilikum darin andünsten, mit Wein ablöschen und durchköcheln lassen. Die Sahne einrühren und das Ganze ohne Deckel etwas einkochen lassen. Mit Pfeffer und Salz würzen.
Die Nudeln in 3 Liter kochendes Salzwasser geben und bissfest garen. Auf ein Sieb schütten abtropfen lassen und in eine vorgewärmte Schüssel geben.
Die Knoblauchmischung darüber geben, gut miteinander vermischen, sofort servieren.

Vollkornspagetti alla Carbonara

Für 4 Personen

300 g Vollkornspagetti (Rohgewicht)
Salz
200 g gekochter Schinken in Scheiben, ohne Fettrand
1 Knoblauchzehe
50 g Frühlingszwiebeln
2 EL Olivenöl (20 g)
100 ml trockener Weißwein
3 frische Eier (Gew. Kl. M)
2 EL Sahne (40 % Fett)
weißer Pfeffer aus der Mühle
50 g frisch geriebener Parmesan
2 EL feingehackte Petersilie

Pro Person etwa:
36 g Eiweiß, 18 g Fett, 49 g Kohlenhydrate (4,1 BE bzw. 4,4 KH-Portionen), 502 kcal

Die Spaghetti in etwa 3 Liter kochendes Salzwasser geben und bissfest kochen.
Inzwischen den Schinken in feine, kurze Streifen schneiden. Den Knoblauch schälen und fein hacken. Die Frühlingszwiebeln waschen, putzen, den grünen Teil in feine Ringe und den weißen Teil in kleine Würfel schneiden.
Das Öl in einer beschichteten Pfanne erhitzen, die Schinkenstreifen knusprig anbraten, den Knoblauch sowie die Frühlingszwiebeln dazugeben und alles unter gelegentlichen Wenden dünsten. Den Wein angießen und die Mischung offen köcheln lassen.
Die Eier mit einem Schneebesen verquirlen, die Sahne unterrühren, mit Pfeffer und Salz würzen, den Käse untermischen.
Die Spaghetti auf ein Sieb schütten, abtropfen lassen und möglichst heiß in eine vorgewärmte Schüssel füllen. Die Eier darüber geben, alles mit Hilfe von zwei Gabeln gut vermischen, die Schinkenmischung mit der Bratflüssigkeit dazugeben und untermischen.
Da die Spaghetti sehr heiß sind, stockt die Eiermasse recht schnell, ohne aber flockig zu werden. Die Spaghetti auf Teller verteilen und mit Petersilie bestreuen.

Für 4 Personen

300 g Spiralnudeln (Rohgewicht)
Salz
200 g Brokkoliröschen
200 g Champignons
1 Zwiebel (ca. 40 g)
1 Knoblauchzehe
150 g gekochter Schinken ohne Fettrand
2 EL Sonnenblumenöl (20 g)
2 frische Eier (Gew. Kl. M)
100 ml Milch
Pfeffer
geriebene Muskatnuss
100 g geraspelter Emmentaler

Pro Person etwa:
35 g Eiweiß, 19 g Fett, 60 g Kohlenhydrate (4,8 BE bzw. 5,2 KH-Portionen), 551 kcal

Nudelgratin

Die Nudeln in etwa 3 l kochendes Salzwasser geben und bissfest garen. Anschließend auf einem Sieb abtropfen lassen, in eine Schüssel geben und beiseite stellen.
Inzwischen die Brokkoliröschen 3 Minuten in Salzwasser blanchieren, auf ein Sieb geben, abschrecken und abtropfen lassen. Die Pilze waschen, mit Küchenpapier trockentupfen, falls nötig putzen, blättrig schneiden. Die Zwiebel und den Knoblauch schälen und fein hacken. Den Schinken fein würfeln.
Das Öl in einer beschichteten Pfanne erhitzen, die Zwiebeln und den Knoblauch darin glasig werden lassen, den Schinken und die Pilze hinzufügen und das Ganze zugedeckt kurz dünsten.
Den Backofen auf 200 °C vorheizen.
Die Eier verquirlen, die Milch unterrühren und mit Pfeffer, Muskat und Salz würzen.
Die Pilz-Schinken-Mischung sowie die Hälfte des Käses mit den gekochten Nudeln mischen, und alles in eine feuerfeste Form füllen. Die Eiermilch darüber gießen und den restlichen Käse darauf verteilen. Das Gratin auf mittlerer Einschubleiste etwa 20 Minuten überbacken, bis die Eier gestockt sind und die Oberfläche eine goldbraune Kruste hat.

Cannelloni mit Gemüsefüllung

Für 4 Personen

Für die Füllung:
1 Zwiebel (ca. 40 g)
1 Knoblauchzehe
250 g Brokkoli
200 g Karotten
2 EL Olivenöl
50 ml Brokkolikochwasser
30 g geriebener Emmentaler
Pfeffer, Salz

Für die Sauce:
1 Packung Pizzatomaten (500 g)
100 ml Gemüsebrühe (aus Würfel oder Instantpulver, mit Brokkolisud zubereitet)
3 EL Sahne (40 % Fett)

Außerdem:
12 Cannelloni-Rollen (à 10 g Rohgewicht)
50 g geriebener Parmesan

Pro Person etwa:
15 g Eiweiß, 13 g Fett, 31 g Kohlenhydrate (1,9 BE bzw. 2,1 KH-Portion), 306 kcal

Die Zwiebel und den Knoblauch schälen und fein hacken. Den Brokkoli und die Karotten waschen.
Den Brokkoli putzen, von den dicken Strünken die Haut abziehen, das Gemüse in mundgerechte Stücke schneiden und in reichlich kochendem Salzwasser zugedeckt in etwa 10 Minuten weich kochen.
Inzwischen die Karotten putzen, schälen und grob raspeln.
Den Brokkoli abgießen, 50 ml des Kochwassers für die Sauce aufheben, das Gemüse abtropfen lassen.
Das Öl in einem Topf erhitzen, die Zwiebeln und den Knoblauch darin andünsten, den Brokkoli und die 50 ml Brokkolikochwasser dazugeben. Das Ganze mit einem Passierstab im Topf grob pürieren, mit Pfeffer und Salz würzen, die Karottenraspeln dazugeben und die Gemüsemasse bei schwacher Hitze durchköcheln lassen.
Den Emmentaler einrühren und den Topf vom Herd nehmen. Den Backofen auf 200 °C vorheizen.
Die Tomaten zusammen mit der Gemüsebrühe in einen Topf geben, alles gut miteinander verrühren, die Sahne untermischen und die Sauce offen etwa 5 Minuten köcheln lassen.
Die Brokkolimasse in die Cannelloni füllen, diese nebeneinander in eine feuerfeste Form legen und die Tomatensauce darüber gießen.
Den Parmesan darüber streuen und das Ganze auf mittlerer Einschubleiste etwa 30 Minuten backen.

Tipp: Statt Brokkoli können Sie auch anderes Gemüse verwenden, so zum Beispiel Zucchini, Spinat, Kohlrabi.

Cannelloni mit Frischkäsefüllung

Für 4 Personen

Für die Sauce:
1 Zwiebel (ca. 40 g)
500 g Tomaten
25 g Butter
½ Bund Basilikum
75 ml Gemüsebrühe (aus Würfel oder Instantpulver)
Pfeffer, Salz

Für die Füllung:
100 g Mozzarella
100 g roher Schinken ohne Fettrand
200 g Ricotta (italienischer Molkenfrischkäse, ca. 42 % F. i. Tr.)
2 frische Eier (Gew. Kl. M)
weißer Pfeffer, Salz

Außerdem:
12 Cannelloni-Rollen (à 10 g, Rohgewicht)
50 g geriebener Parmesan

Pro Person etwa:
31 g Eiweiß, 19 g Fett, 29 g Kohlenhydrate (2,1 BE bzw. 2,3 KH-Portionen), 416

Die Zwiebel schälen und fein hacken. Die Tomaten oben überkreuz einritzen, mit kochendem Wasser übergießen, abschrecken und die Haut abziehen. Die Tomaten halbieren, die Stielansätze und Kerne entfernen, das Fruchtfleisch fein würfeln.
Die Butter in einem Topf erhitzen, die Zwiebelwürfel darin glasig werden lassen, die Tomatenwürfel hinzugeben und mitdünsten. Das Basilikum waschen, mit Küchenpapier trockentupfen, fein hacken und zu den Tomaten geben.
Die Brühe angießen und das Ganze zugedeckt etwa 10 Minuten bei milder Hitze garen. Die Sauce mit Pfeffer und Salz würzen, nach Belieben im Topf mit einem Passierstab pürieren oder auch so lassen.
Den Mozzarella abtropfen lassen, fein würfeln und in eine Schüssel geben. Den Schinken in feine Streifen oder kleine Würfel schneiden. Den Ricotta mit einer Gabel zerdrücken und zusammen mit dem Schinken zum Mozzarella geben.
Die Eier mit einem Schneebesen gut verquirlen, mit Pfeffer und Salz würzen und das Ganze unter die Käse-Schinken-Mischung rühren.
Den Backofen auf 200 °C vorheizen.
Die Käsemasse mit einem Teelöffel in die Nudelrollen füllen, diese in eine feuerfeste Form nebeneinander legen und die Tomatensauce darüber verteilen.
Den Parmesan darüber streuen und die Cannelloni auf mittlerer Einschubleiste etwa 25 Minuten garen.

Tipp: Statt der selbst gemachten Tomatensauce können Sie auch eine fertige Tomatensauce aus dem Glas, der Dose oder der Packung verwenden.

Risi Bisi

Den Schinkenspeck in kleine Würfel schneiden. Die Zwiebel schälen und fein würfeln.
Die Butter in einem Topf erhitzen, die Zwiebel- und Schinkenspeckwürfel darin andünsten und den Reis dazugeben. Alles unter Rühren 5 Minuten bei milder Hitze dünsten, dann mit der Brühe auffüllen. Zum Kochen bringen und den Reis zugedeckt bei schwacher Hitze etwa 20 Minuten ausquellen lassen.
Nach 15 Minuten Garzeit die tiefgefrorenen Erbsen unter den Reis mischen und 5 Minuten mitgaren. Mit Pfeffer und Salz würzen.
Die Petersilie waschen, mit Küchenpapier trockentupfen, fein hacken, dann zusammen mit dem Parmesan untermischen.

Für 4 Personen

75 g Schinkenspeck ohne Fettrand
1 Zwiebel (ca. 40 g)
25 g Butter
200 g Langkornreis (Rohgewicht)
900 ml Gemüsebrühe (aus Würfel oder Instantpulver)
400 g Erbsen (TK-Ware)
Pfeffer, Salz
1/2 Bund Petersilie
50 g geriebener Parmesan

Pro Person etwa:
23 g Eiweiß, 10 g Fett, 53 g Kohlenhydrate (4,4 BE bzw. 4,8 KH-Portionen), 391 kcal

Für 4 Personen

10 g getrocknete chinesische Pilze
1 EL Sonnenblumenöl (10 g)
200 g Basmatireis (Rohgewicht)
Salz
200 g Champignons
1 Bund Koriander oder Petersilie
20 g Butter
Pfeffer
3 EL Sahne (40 % Fett)
100 ml trockener Weißwein
1 TL Sojasauce

Pro Person etwa:
6 g Eiweiß, 10 g Fett, 41 g Kohlenhydrate (3,3 BE bzw. 3,6 KH-Portionen), 291 kcal

Basmati-Pilz-Ragout

Die Pilze mit heißem Wasser bedeckt etwa 1 Stunde quellen lassen.
Das Öl in einem Topf erhitzen und den Reis darin unter Rühren glasig werden lassen. Den Reis mit ½ l leicht gesalzenem Wasser aufgießen, zum Kochen bringen und bei schwacher Hitze zugedeckt etwa 20 Minuten ausquellen lassen.
Die Champignons waschen, mit Küchenpapier trockentupfen, falls nötig putzen, dann blättrig schneiden.
Die Kräuter waschen, trockenschütteln und fein hacken.
Die Butter in einer beschichteten Pfanne erhitzen, die Champignons darin anbraten und die Kräuter untermischen.
Die eingeweichten Pilze ausdrücken, klein schneiden und zu den Champignons in die Pfanne geben. Vom Einweichwasser 100 ml abnehmen und dazugeben. Mit Pfeffer würzen, den Wein sowie die Sojasauce untermischen und alles noch einmal kurz durchköcheln lassen.
Den Reis unter das Pilzragout mischen, evtl. nochmals abschmecken.

Tipp: Für dieses Gericht eignen sich auch frische Austernpilze, Maronen oder Steinpilze.

Reistopf mit grünem Spargel

Für 4 Personen

500 g grüner Spargel
Salz
1 EL Sonnenblumenöl
2 Schalotten
200 g Langkornreis (Rohgewicht)
125 ml trockener Weißwein
½ l Spargelsud
25 g Butter oder Sonnenblumenmargarine
30 g Mehl (evtl. Vollkornmehl)
3 EL Sahne (40 % Fett)
Pfeffer
geriebene Muskatnuss

Pro Person etwa:
7 g Eiweiß, 10 g Fett, 49 g Kohlenhydrate (3,8 BE bzw. 4,2 KH-Portionen), 337 kcal

Den Spargel waschen, putzen, nur das untere Drittel schälen und die Stangen in 5 cm lange Stücke schneiden. In 1 l kochendem Salzwasser etwa 20 Minuten garen. Die Spargelstücke herausnehmen, abtropfen lassen und beiseite stellen, das Kochwasser aufheben.

Inzwischen die Schalotten schälen und fein hacken. Das Öl in einem Topf erhitzen und die Schalottenwürfel darin glasig werden lassen.

Den Reis dazugeben, leicht andünsten, den Wein angießen und das Ganze zugedeckt zum Kochen bringen.

¼ l Spargelwasser zugeben und den Reis etwa 20 Minuten ausquellen lassen.

Die Butter in einem Topf erhitzen, das Mehl darin unter Rühren hell anschwitzen, den Topf vom Herd nehmen und die Mehlschwitze mit der Sahne ablöschen. Alles zu einem dicken Brei verrühren, wieder erhitzen und unter Rühren das restliche Spargelwasser angießen. Weiterrühren, bis eine gleichmäßige, klümpchenfreie Sauce entstanden ist und weitere 5 Minuten bei milder Hitze durchköcheln lassen.

Die Sauce mit Pfeffer, Muskat und Salz abschmecken, die Spargelstücke untermischen und nochmals aufkochen lassen.

Den Reis auf Teller verteilen und den Spargel mit der Sauce darauf anrichten.

Reispfanne mit chinesischen Pilzen und Sprossen

Für 4 Personen

10 g chinesische Trockenpilze
100 g frische Soja- oder Mungobohnensprossen
100 g Bambussprossen (Bambusschösslinge, aus dem Glas)
40 g Butter
250 g Langkornreis (Rohgewicht)
½ l Hühnerbrühe
100 ml Einweichwasser von den chinesischen Pilzen
Fünf-Gewürze-Pulver oder Chinagewürz
Salz

Pro Person etwa:
7 g Eiweiß, 9 g Fett, 53 g Kohlenhydrate (4,2 BE bzw. 4,5 KH-Portionen), 325 kcal

Die Trockenpilze in Wasser einweichen und etwa 1 Stunde quellen lassen.
Inzwischen die Soja- oder Mungobohnensprossen waschen und abtropfen lassen. Die Bambussprossen abtropfen lassen und der Länge nach in feine Streifen schneiden.
Die Hälfte der Butter in einer beschichteten Pfanne erhitzen. Die chinesische Pilze abgießen und leicht ausdrücken, dabei 100 ml Flüssigkeit auffangen, und beiseite stellen. Die Pilze klein schneiden.
Pilze und Sprossen in der Pfanne anbraten, die Pfanne vom Herd nehmen. Die restliche Butter in einem Topf erhitzen, den Reis einstreuen, unter Rühren leicht andünsten, die Brühe sowie das Einweichwasser der Pilze dazugeben. Alles zum Kochen bringen und den Reis zugedeckt bei schwacher Hitze etwa 18 bis 20 Minuten ausquellen lassen.
Den Reis zu der Pilz-Sprossen-Mischung in die Pfanne geben, noch einmal kurz erhitzen und das Ganze mit den Gewürzen und mit Salz abschmecken.

Tipp: Das Gericht wird komplett mit knackig gedünstetem Gemüse aus dem Wok.
Mit gebratenen Scampi und Knoblauchsahne wird die Reispfanne etwas üppiger, wobei natürlich deutlich mehr Kalorien, BE bzw. KH-Portionen zusammenkommen.

Getreidebratlinge

Für 4 Personen

50 g Weizenkörner
50 g Dinkelkörner
50 g Grünkern
50 g Gerstenkörner
2 Frühlingszwiebeln
1 Stückchen Knollensellerie (ca. 50 g)
1 Knoblauchzehe
150 g Karotten
1 Bund Petersilie
1 EL Sonnenblumenmargarine
500 ml Gemüsebrühe (aus Würfel oder Instantpulver)
1 Msp. Kreuzkümmel
geriebene Muskatnuss, Salz
1 frisches Ei (Gew. Kl. M)
1 EL saure Sahne (10 % Fett)
4 EL Sonnenblumenöl (40 g)

Das Getreide schroten. Die Frühlingszwiebeln waschen, mit Küchenpapier trockentupfen, putzen, den grünen Teil in feine Ringe und den weißen Teil in kleine Würfel schneiden.
Den Sellerie waschen, sorgfältig schälen und fein würfeln. Den Knoblauch schälen und fein hacken. Die Karotten waschen, putzen, schälen und raspeln. Die Petersilie waschen, trockenschütteln und fein hacken.
Die Margarine in einem Topf erhitzen, das Gemüse darin andünsten, das Getreideschrot hinzufügen, alles gut vermischen und die Brühe angießen. Das Ganze zum Kochen bringen, die Gewürze und etwas Salz untermischen und alles zugedeckt bei mäßiger Hitze etwa 20 Minuten kochen lassen.
Der Brei vom Herd nehmen, gut durchrühren und kurz abkühlen lassen. Das Ei sowie die saure Sahne einrühren. Mit nassen Händen Bratlinge aus dem Teig formen.
In einer beschichteten Pfanne etwas Öl erhitzen und die Bratlinge darin nacheinander goldbraun ausbacken. Zwischendurch das restliche Öl in die Pfanne geben.

Tipp: Wenn Sie keine Getreidemühle besitzen, kaufen Sie fertig geschrotetes Getreide (Getreideschrot). Das gibt es auch gemischt aus verschiedenen Getreidesorten.

Pro Person etwa:
9 g Eiweiß, 16 g Fett, 35 g Kohlenhydrate (2,7 BE bzw. 2,9 KH-Portionen), 320 kcal

Lauchtorte

Für 8 Stücke

Für den Teig:
175 g Butterschmalz
400 g Mehl
3 frische Eier (Gew. Kl. M)
1 TL Salz
3 EL eiskaltes Wasser

Für den Belag:
1 kg Lauch
25 g Butterschmalz
¼ l heiße Fleischbrühe (aus Würfel oder Instantpulver)
⅛ l trockener Weißwein
2 frische Eier (Gew. Kl. M)
1 frisches Eigelb
2 EL heller Saucenbinder
150 g saure Sahne (10 % Fett)
100 g geraspelter Emmentaler
50 g Schinkenspeck mit wenig Fettrand
Pfeffer
geriebene Muskatnuss
Kümmelpulver
Salz

Pro Stück etwa:
18 g Eiweiß, 38 g Fett, 39 g Kohlenhydrate (3,2 BE bzw. 3,5 KH-Portionen), 584 kcal

Die Teigzutaten zu einem glatten Mürbeteig verkneten und zu einer runden Platte mit etwa 30 cm Durchmesser ausrollen.
Eine Quicheform von 26 cm Durchmesser mit dem Teig auslegen, den Rand rundherum andrücken.
Den Lauch putzen, gründlich waschen und in feine Ringe schneiden, nochmals abbrausen, gut abtropfen lassen.
Das Butterschmalz in einem Topf erhitzen und den Lauch darin andünsten. Die Brühe und den Wein dazugießen und das Ganze zugedeckt 5 Minuten köcheln lassen.
Das Gemüse auf ein Sieb geben und abtropfen lassen.
Die Eier mit einem Schneebesen gut verquirlen, Eigelb, Saucenbinder und saure Sahne unterrühren. Mit den Gewürzen und etwas Salz würzen und die Hälfte des Käses untermengen.
Den restlichen Käse auf den Teigboden streuen.
Den Backofen auf 220 °C vorheizen.
Den Lauch auf dem Teigboden verteilen und die Eiermasse darüber geben. Den Schinkenspeck in feine Streifen schneiden und auf dem Belag verteilen.
Die Quiche etwa 45 Minuten auf mittlerer Einschubleiste backen. Heiß servieren.

Tipp: Wenn Sie Fett und Kalorien sparen möchten, lassen Sie den Schinkenspeck einfach weg. Pro Stück sparen Sie dann 25 kcal und 2,5 g Fett.

Gulasch mit Kürbis

Für 4 Personen

150 g Zwiebeln
2 Knoblauchzehen
30 Butterschmalz
600 g Schweinegulasch
Pfeffer
2 TL mildes Currypulver
Salz
1/4 l Gemüsebrühe
1/4 l trockener Apfelwein
1/2 Bund Majoran
1 kg Kürbis (ca. 500 g Fruchtfleisch)
300 g Karotten
1 Bund glatte Petersilie

Die Zwiebeln und Knoblauchzehen schälen und würfeln.
Das Butterschmalz erhitzen und das Fleisch portionsweise darin anbraten, herausnehmen und beiseite stellen.
Die Zwiebeln und den Knoblauch im Bratenfett glasig dünsten. Das Fleisch wieder dazugeben, mit Pfeffer, Curry und Salz würzen und mit Brühe sowie Apfelwein ablöschen.
Den Majoran waschen, trockentupfen, fein hacken und zum Gulasch geben. Alles im geschlossenen Topf ca. 1 Stunde schmoren.
In der Zwischenzeit den Kürbis schälen und das Fruchtfleisch würfeln. Karotten waschen, putzen, ebenfalls schälen und in schräge Scheiben schneiden. Die Petersilie waschen, trockentupfen und hacken.
Das Gemüse zum Gulasch geben und alles zusammen 15 Minuten garen. Das Gulasch kräftig abschmecken. Zum Schluss die Petersilie darüber streuen.

Tipp: Dazu passen Spätzle oder Bandnudeln (für Diabetiker max. 200 Gramm) und Salat. Berechnen Sie aber die BE bzw. KH-Portionen für die Beilage mit.

Pro Person etwa:
36 g Eiweiß, 11 g Fett, 18 g Kohlenhydrate (0,5 BE bzw. 0,6 KH-Portionen), 336 kcal

Für 4 Personen

Für den Reis:
200 g Langkornreis (Rohgewicht)
Salz
1 rote Paprikaschote (ca. 150 g)
1 gelbe Paprikaschote (ca. 150 g)
150 g Zucchini
1 EL Sonnenblumenöl (10 g)
Pfeffer

Für das Geschnetzelte:
1 Zwiebel (ca. 40 g)
1 Knoblauchzehe
2 EL Sonnenblumenöl (20 g)
400 g Schweinefilet, fein geschnetzelt (oder Schweineschnitzel)
Pfeffer
Paprikapulver edelsüß
Currypulver, Salz
1 Päckchen Bratensauce (Instantpulver für 1/4 l Sauce)

Pro Person etwa:
27 g Eiweiß, 12 g Fett, 45 g Kohlenhydrate (3,4 BE bzw. 3,7 KH-Portionen), 400 kcal

Schweinegeschnetzeltes mit buntem Reis

Den Reis in etwa 1/2 l leicht gesalzenes Wasser geben und zum Kochen bringen. Zugedeckt etwa 15 Minuten bei milder Hitze ausquellen lassen.
Inzwischen das Gemüse waschen und mit Küchenpapier trockentupfen. Die Paprikaschoten halbieren, die Stielansätze, Kerne sowie weißen Innenteile entfernen, das Fruchtfleisch sehr fein würfeln.
Von den Zucchini die Enden knapp abschneiden, das Fruchtfleisch ebenfalls fein würfeln.
In einer beschichteten Pfanne das Öl erhitzen und das Gemüse darin unter Rühren kurz anbraten, unter den Reis mischen, pfeffern und salzen und das Ganze noch 5 Minuten auf ausgeschalteter Herdplatte quellen lassen.
Die Zwiebel und den Knoblauch schälen und fein würfeln.
Das Öl in einem Topf erhitzen, die Zwiebel- und Knoblauchwürfel darin andünsten, das Fleisch zugeben und unter vorsichtigem Wenden von allen Seiten scharf anbraten. Mit Pfeffer, Paprika, Curry sowie Salz würzen und alles unter Rühren kurz weiterdünsten.
1/4 l Wasser einrühren, aufkochen lassen und die Instant-Bratensauce einrühren. Das Geschnetzelte bei milder Hitze unter Rühren kurz durchköcheln lassen.
Zusammen mit dem bunten Reis anrichten

Süßsaurer Fleischtopf

Für 4 Personen

500 g Kartoffeln
300 g Karotten
50 g getrocknete Aprikosen
400 g Schweineschnitzel (Oberschale)
2 Zwiebeln (ca. 100 g)
100 g Mungobohnensprossen (aus dem Glas)
100 ml Mungobohnenflüssigkeit
4 EL Sonnenblumenöl
150 ml Fleischbrühe (aus Würfel oder Instantpulver)
2 EL Orangensaft
1 Msp. gemahlener Koriander
1 Prise gemahlene Gewürznelken
Pfeffer
geriebene Muskatnuss
Salz

Die Kartoffeln waschen, schälen und in Würfel mit etwa 1 cm Kantenlänge schneiden. Die Karotten waschen, putzen, schälen und in dünne Scheiben schneiden.
Die Aprikosen in heißem Wasser einweichen.
Das Fleischstück in Würfel mit etwa 2 cm Kantenlänge schneiden.
Die Zwiebeln schälen und fein hacken. Die Sprossen auf ein Sieb schütten, die Flüssigkeit auffangen und die Sprossen gut abtropfen lassen.
2 EL Öl in einem weiten Topf erhitzen und die Kartoffelwürfel kräftig von allen Seiten darin anbraten, die Karotten dazugeben und mitdünsten.
Die Aprikosen abtropfen lassen, klein schneiden und zum Gemüse geben. Alles etwa 5 Minuten unter vorsichtigem Wenden andünsten, aus dem Topf nehmen und beiseite stellen.
Das restliche Öl in den Topf geben, erhitzen, das Fleisch zugeben und von allen Seiten kräftig anbraten. Die Zwiebel zufügen und leicht anbräunen. Mit der Mungbohnenflüssigkeit aufgießen und den Bratensatz unter Rühren loskochen.
Das gedünstete Gemüse zugeben, die Brühe sowie den Orangensaft angießen und mit den Gewürzen und mit Salz abschmecken. Alles zugedeckt bei mäßiger Hitze etwa 15 Minuten schmoren lassen, evtl. nochmals abschmecken.

Pro Person etwa:
26 g Eiweiß, 13 g Fett, 31 g Kohlenhydrate (2,2 BE bzw. 2,4 KH-Portionen), 357 kcal

Für 4 Personen

Für die Fleischröllchen:
400 g ausgelöster Schweinerücken
Pfeffer, Salz
2 EL Dijonsenf
1 Zwiebel

Für die Rosmarinkartoffeln:
800 g festkochende Kartoffeln
Salz
2 EL frischer, fein gehackter Rosmarin
weißer Pfeffer aus der Mühle

Außerdem:
1 TL Butter für die Form
200 ml Gemüsebrühe (aus Würfel oder Instantpulver)
100 g geraspelter Emmentaler

Pro Person etwa:
31 g Eiweiß, 12 g Fett, 31 g Kohlenhydrate (2,6 BE bzw. 2,8 KH-Portionen), 372 kcal

Überbackene Fleischröllchen mit Rosmarinkartoffeln

Das Fleisch vom Metzger quer zur Faser in möglichst dünne Scheiben schneiden lassen. Die Scheiben auf einem Arbeitsbrett nebeneinander ausbreiten und mit Pfeffer und Salz würzen und dünn mit Senf bestreichen.

Die Zwiebel schälen, fein hacken und auf die Fleischscheiben verteilen. Die Fleischscheiben aufrollen und mit Rouladennadeln feststecken.

Den Backofen auf 180 °C vorheizen.

Die Kartoffeln waschen, schälen und in Scheiben schneiden. Reichlich Salzwasser zum Kochen bringen und die Kartoffelscheiben darin 5 Minuten blanchieren, mit einer Schaumkelle herausnehmen und gut abtropfen lassen.

Eine feuerfeste Form mit Butter ausstreichen, die Kartoffelscheiben und die Fleischröllchen in die Form einschichten, den Rosmarin sowie Pfeffer und Salz zwischen die Kartoffeln streuen. Die Brühe darüber gießen und das Ganze auf mittlerer Einschubleiste etwa 15 Minuten backen. Den Käse darauf verteilen und das Gericht weitere 20 Minuten überbacken.

Rindfleischtopf mit Gemüse

Für 4 Personen

600 g Rindfleisch aus der Oberschale
150 g Zwiebeln
1 Knoblauchzehe
250 g Karotten
200 g grüne Bohnen
3 EL Sonnenblumenöl (30 g)
schwarzer Pfeffer aus der Mühle
Salz
100 ml trockener Rotwein
150 ml Rinderfond (aus dem Glas)
1 EL dunkler Saucenbinder

Das Fleisch in Würfel mit etwa 2 cm Kantenlänge schneiden. Die Zwiebeln und den Knoblauch schälen und fein hacken. Die Karotten und die Bohnen waschen und putzen. Die Karotten schälen und in Scheiben schneiden, die Bohnen in 2 cm lange Stücke schneiden.
Das Öl in einem Topf erhitzen, das Fleisch darin scharf von allen Seiten anbraten, mit Pfeffer und Salz würzen.
Die Zwiebeln und den Knoblauch zugeben und Farbe nehmen lassen. Die Karotten und die Bohnen dazugeben, 5 Minuten unter gelegentlichen Durchrühren andünsten, mit Rotwein ablöschen und den Bratensatz unter Rühren loskochen.
Den Eintopf zugedeckt etwa 30 Minuten bei mäßiger Hitze schmoren, danach den Fond zugeben, den Saucenbinder einrühren und alles noch einmal kurz aufkochen lassen.

Tipp: Dazu passen schwäbische Spätzle und gemischter Blattsalat. Rechnen Sie für Diabetiker 160 bis max. 200 g gekochte Spätzle (200 g gekochte Nudeln = 80 g Rohgewicht). Diese Beilage enthält 4,7 BE bzw. 5,1 KH-Portionen und 278 kcal.

Pro Person etwa:
35 g Eiweiß, 13 g Fett, 10 g Kohlenhydrate (0,8 BE bzw. 0,9 KH-Portionen), 312 kcal

Medaillons auf Toast, überbacken

Für 4 Personen

400 g Rinderfilet
40 g Butterschmalz
schwarzer Pfeffer aus der Mühle
Salz
300 g frische Champignons
2 frische Eier (Gew. Kl. M)
75 g geraspelter Emmentaler
8 Scheiben Mehrkorntoastbrot

Pro Person etwa:
36 g Eiweiß, 27 g Fett, 24 g Kohlenhydrate (2,0 BE bzw. 2,2 KH-Portionen), 480 kcal

Den Backofen auf 180 °C vorheizen und ein Blech mit Backpapier auslegen.
Das Rinderfilet kalt abbrausen, mit Küchenpapier trockentupfen, enthäuten, dann quer zur Faser in 8 Scheiben schneiden. Die Medaillons mit dem Handballen flach drücken.
Das Butterschmalz in einer beschichteten Pfanne erhitzen und die Fleischscheiben darin auf jeder Seite etwa 2 Minuten scharf anbraten, von beiden Seiten mit Pfeffer und Salz würzen, aus der Pfanne nehmen und in Alufolie warm halten.
Inzwischen die Pilze waschen, mit Küchenpapier trockentupfen, fein hacken und in der Pfanne unter Rühren kurz andünsten.
Die Eier in eine Rührschüssel gut verquirlen, mit Pfeffer und Salz würzen und die Champignons untermischen.
Die Brote im Toaster leicht toasten, die Medaillons darauf verteilen und auf jede Portion etwa 2 EL Champignonmasse verteilen.
Den Käse darauf verteilen und die Brote auf das Blech setzen. Etwa 15 Minuten auf mittlerer Einschubleiste überbacken.

Bunte Kalbfleischspießchen

Für 4 Personen

4 dünne Kalbschnitzel (à 100 g)
250 g Kalbsleber
Pfeffer, Salz
4 Blättchen frischer Salbei
1 Zweig Basilikum
1 Zweig Thymian
16 Kirschtomaten (ca. 500 g)
400 g Zucchini
2 Maiskolben aus der Dose (à 200 g)
3 EL Sonnenblumenöl (30 g)

Pro Person etwa:
37 g Eiweiß, 13 g Fett, 19 g Kohlenhydrate (1,1 BE bzw. 1,2 KH-Portionen), 343 kcal

Die Kalbschnitzel auf einer Arbeitsbrett ausbreiten, dünn klopfen und jedes in 4 etwa gleichgroße Streifen schneiden.

Die Leber kalt abspülen, mit Küchenpapier abtupfen, Häute und Sehnen mit einem scharfen Messer entfernen und die Leber in 16 gleichgroße Würfel schneiden.

Fleisch und Leber mit Pfeffer und Salz würzen.

Die Kräuter waschen, trockentupfen, den Salbei fein hacken, die übrigen Kräuter von den Stielen zupfen und ebenfalls fein hacken. Kräuter über Fleisch und Leber streuen. Je ein Stückchen Leber in einen Streifen Schnitzelfleisch wickeln.

Den Backofengrill vorheizen.

Die Tomaten waschen und trockentupfen. Die Zucchini waschen, trockentupfen, die Enden knapp abschneiden und das Gemüse in 16 gleichgroße Stücke schneiden. Die Maiskolben abtropfen lassen und in 8 bis 12 dicke Scheiben schneiden.

Vier lange Metall-Grillspieße zurechtlegen. Jeweils vier Fleischröllchen, vier Kirschtomaten, vier Stücke Zucchini und zwei oder drei Maisscheiben abwechselnd auf jeden Spieß stecken. Alles mit Öl einpinseln und mit Pfeffer und Salz würzen.

Einen Bratrost mit Alufolie belegen. Die Spieße nebeneinander darauf legen und auf jeder Seite etwa 5 Minuten grillen. Beim Wenden mit dem abtropfendem Öl bestreichen.

Für 4 Personen

1 Wirsing (ca. 1 kg)
Salz
1 Msp. Haushaltsnatron
1 EL Essigessenz (25 % Säure)
250 g Karotten
1 Bund Frühlingszwiebeln (ca. 200 g)
1 Bund Kerbel
1 Bund glatte Petersilie
Pfeffer
400 g Kalbsbrät
40 g Butterschmalz
300 ml Gemüsebrühe (aus Instantpulver)
100 g dicke saure Sahne (18 % Fett)
geriebene Muskatnuss

Pro Person etwa:
32 g Eiweiß, 10 g Fett, 13 g Kohlenhydrate (0,7 BE bzw. 0,7 KH-Portionen), 352 kcal

Gefüllte Wirsingbällchen

Vom Wirsing die äußersten sowie alle welken und unansehnlichen Blätter entfernen und das Strunkende abschneiden.

12 schöne Blätter am Strunkende ablösen. Reichlich Wasser zusammen mit etwas Salz aufkochen, das Natron und die abgelösten Wirsingblätter dazugeben und das Gemüse im offenen Topf etwa 2 Minuten sprudelnd kochen lassen. Mit einer Schaumkelle herausnehmen und in ein Sieb geben, abschrecken und gut abtropfen lassen.

Die Blätter mit der Unterseite nach oben auf Küchenpapier ausbreiten und die dicken Blattrippen mit einem scharfen Messer etwas abflachen, damit sich die Blätter später besser zu Bällchen formen lassen.

Den Rest des Wirsingkohlkopfes in Achtel schneiden, den Strunkanteil jeweils schräg wegschneiden, die Wirsingstücke anschließend quer in Streifen schneiden. In reichlich kaltem Wasser, dem man etwas Essigessenz zusetzt, waschen, auf ein Sieb geben und gut abtropfen lassen.

Die Karotten waschen, putzen und schälen. Eine Hälfte in dünne Stifte, die andere in kleine Würfel schneiden.

Die Frühlingszwiebeln waschen, putzen, dann den grünen Teil in schmale Ringe schneiden und den weißen Teil fein hacken.

Die Kräuter waschen, trockentupfen, die groben Stiele entfernen, einige Kerbelzweige zum Garnieren beiseite legen, die restlichen fein hacken.

Karottenwürfel, Frühlingszwiebeln und gehackte Kräuter in einer Schüssel gut miteinander vermischen, das Kalbsbrät dazugeben und alles mit

Pfeffer und Salz bestreuen. Mit den Händen zu einem glatten Teig verkneten.
Die Wirsingblätter umdrehen (die Außenseiten mit den abgeflachten Rippen sind jetzt unten) und die Brätmasse auf die Blätter verteilen.
Die Wirsingblätter oben vorsichtig zusammennehmen, so dass die Füllung vollständig eingehüllt ist und in einem sauberen Küchentuch zu Bällchen drehen.
Das Butterschmalz in einem weiten Topf erhitzen, die Wirsingbällchen darin von allen Seiten anbraten, die Wirsingstreifen und die Karottenstifte dazugeben, unter vorsichtigen Durchrühren 3 Minuten andünsten und mit der Brühe ablöschen. Zugedeckt bei milder Hitze 12 bis 15 Minuten dünsten.
Die Wirsingbällchen herausnehmen, die saure Sahne in das Gemüse rühren, alles kurz aufkochen und mit Muskat, Pfeffer und Salz abschmecken.
Die Wirsingbällchen mit dem Gemüse anrichten und mit dem zurückbehaltenen Kerbel garnieren.

Tipp: Dazu passen Kartoffelpüree oder Ofenkartoffeln mit Kümmel und Sauerrahmdip. Aber vergessen Sie nicht, die kcal, die BE bzw. die KH-Portionen mit zu berechnen.

Für 6 Personen

500 g ausgelöste Lammschulter
2 EL Butter
1 EL Olivenöl
200 g Zwiebeln
2 Knoblauchzehen
250 g Fleischtomaten
150 g Karotten
200 g Basmatireis (Rohgewicht)
Pfeffer
1 EL Paprikapulver edelsüß
½ TL gemahlener Kreuzkümmel
Salz
⅛ l heißes Wasser
25 g gehackte Pistazien
1 Bund Dill
100 g Sahnejoghurt (10 % Fett)
oder saure Sahne (10 % Fett)
Saft von 1 Zitrone

Pro Person etwa:
20 g Eiweiß, 24 g Fett, 32 g Kohlenhydrate (2,3 BE bzw. 2,5 KH-Portionen), 421 kcal

Lammpilaw

Das Fleisch in mundgerechte Würfel schneiden. Die Butter und das Öl zusammen in einem Schmortopf erhitzen und die Fleischwürfel darin von allen Seiten scharf anbraten.
Zwiebeln und Knoblauchzehen schälen, fein würfeln, zugeben und bei schwacher Hitze mitdünsten.
Die Tomaten über Kreuz einritzen, mit kochendem Wasser überbrühen und die Haut abziehen. Das Fruchtfleisch grob würfeln.
Die Karotten waschen, putzen und in feine Stifte schneiden.
Den Reis sowie die Tomatenwürfel und die Karottenstifte zum Fleisch geben, alles gut durchrühren und mit Pfeffer, Paprikapulver, Kreuzkümmel und Salz würzen. Das Wasser angießen und die Pistazien zugeben. Das Ganze aufkochen lassen und zugedeckt bei schwacher Hitze ca. 20 bis 25 Minuten ausquellen lassen.
Den Herd ausschalten, eine Serviette zwischen Deckel und Topf klemmen und das Gericht etwa 10 Minuten ausdampfen lassen.
Den Dill waschen, trockentupfen, die groben Stängel entfernen und die zarten Zweige fein wiegen. Die Hälfte davon mit Joghurt, Zitronensaft, Salz und Pfeffer verrühren. Einen Teil der Joghurtmischung unter den Pilaw rühren. Pilaw mit dem restlichen Dill bestreuen und mit der restlichen Joghurtmischung servieren.

Lammragout mit Kardamom und Koriander

Das Lammfleisch würfeln. Die Schalotten und Knoblauchzehen schälen und in feine Würfel schneiden. Die Karotten waschen, schälen und in längliche Stücke schneiden. Die Lauchzwiebeln putzen, waschen und in Stücke schneiden.
Das Olivenöl in einem Schmortopf erhitzen. Das Fleisch portionsweise rundherum darin anbraten, herausnehmen und beiseite stellen.
Die Schalotten und Knoblauchwürfel im Bratfett glasig dünsten. Die Kardamomsamen aus den Kapseln lösen und mit der Zimtstange, dem Sternanis und dem zerstoßenen Koriander unterrühren und kurz anschmoren. Das Fleisch und die Aprikosen dazugeben und das Ganze mit dem Lammfond ablöschen. Essigessenz zufügen und das Ragout ca. 70 Minuten köcheln lassen.
Nach ca. 60 Minuten die geputzten, in Stücke geschnittenen Karotten, und kurz vor Ende der Garzeit die Lauchzwiebeln zufügen. Fertig schmoren und das Ragout noch einmal kräftig abschmecken. Das Ragout mit den Korianderblättchen garnieren.

Tipp: Dazu passt ganz hervorragend Couscous und frischer Salat.

Für 6 Personen

750 g Lammfleisch ohne Knochen (aus der Keule)
150 g Schalotten
3 Knoblauchzehen
300 g junge, feine Karotten
1 Bund Lauchzwiebeln (ca. 200 g)
4 EL Olivenöl
8 Kardamomkapseln
1 Zimtstange
1 Sternanis
2 TL zerstoßene Korianderkörner
150 g getrocknete Aprikosen
1 Glas Lammfond (500 ml)
2-3 TL Essigessenz (25 % Säure)

Zum Garnieren:
4 Zweige Koriander

Pro Person etwa:
23 g Eiweiß, 25 g Fett, 10 g Kohlenhydrate (0,7 BE bzw. 0,7 KH-Portionen), 377 kcal

Entenbrust auf Ingwer-Gemüse-Nudeln

Für 4 Personen

2 Entenbrüste (à ca. 250 g)
5 EL Sojasauce pikant
1 Msp. Sambal Oelek (asiatische Pfefferschotenpaste)
4 EL Sesamöl (40 g)
1 EL Honig (20 g)
25 g frischer Ingwer
Salz
1 Packung chinesische Mie-Eiernudeln (250 g)
½ TL Kurkumapulver
500 g Karotten
1 Bund Lauchzwiebeln (ca. 200 g)
2 EL Sonnenblumenöl (20 g)
1 Glas Chop Suey (350 g)
weißer Pfeffer aus der Mühle

Pro Person etwa:
36 g Eiweiß, 38 g Fett, 44 g Kohlenhydrate (3,0 BE bzw. 3,3 KH-Portionen), 687 kcal

Die Entenbrüste kalt abbrausen, trockentupfen und die Haut mit einem scharfen Messer rautenartig einritzen. Die Sojasauce zusammen mit Sambal Oelek, Sesamöl und Honig verrühren und das Fleisch damit einstreichen. Zugedeckt etwa 1 Stunde durchziehen lassen.
Den Ingwer schälen und reiben. Etwa 2 ½ Liter Salzwasser zusammen mit Ingwer und Kurkuma aufkochen, die Mie-Nudeln dazugeben. 4 Minuten kochen lassen, auf ein Sieb schütten, abtropfen lassen und mit einer Gabel auflockern.
Den Backofen auf 175 °C vorheizen.
Das Gemüse waschen und putzen. Die Karotten schälen und in Streifen schneiden, die Lauchzwiebeln in Ringe schneiden.
Das Fleisch samt der Marinade in einen Bräter geben und die Entenbrüste von allen Seiten scharf anbraten. Im vorgeheizten Backofen 20 Minuten weitergaren.
Das Öl in einen Topf geben und das Gemüse darin unter gelegentlichem Wenden andünsten. Die Nudeln und das Chop Suey untermischen mit Pfeffer, dem restlichen Ingwer und etwas Salz würzen.
Die Entenbrüste in dünne Scheiben schneiden und auf den Nudeln anrichten.

Tipp: Mie-Nudeln sind asiatische Instantnudeln. Sie sind dünn, ziemlich gekräuselt und kompakt zusammengepresst. Es gibt Mie-Nudeln sowohl als Eiernudeln, als auch ohne Eizusatz (nur aus Weizenmehl und Salz).

Hähnchengeschnetzeltes mit Ananas und Gemüse

Für 4 Personen

1 kleine Zwiebel (ca. 40 g)
150 g Ananas in Scheiben (frisch oder aus der Dose, ungezuckert)
150 g Bambussprossen (Bambusschösslinge, aus der Dose)
150 g Karotten
150 g frische Champignons
400 g Hähnchenbrustfilet
4 EL Sojaöl oder Sonnenblumenöl (40 g)
Pfeffer
Paprikapulver edelsüß
Currypulver
Salz
50 ml trockener Weißwein
100 ml Hühnerbrühe (aus Instantpulver)
2 EL Creme fraîche (ca. 40 g)
½ Bund Petersilie

Pro Person etwa:
26 g Eiweiß, 15 g Fett, 9 g Kohlenhydrate (0,6 BE bzw. 0,6 KH-Portionen), 279 kcal

Die Zwiebel schälen und fein hacken. Die Ananasscheiben in kleine Stückchen schneiden. Die Bambussprossen abtropfen lassen und der Länge nach in sehr feine Streifen schneiden. Die Karotten waschen, putzen, schälen und fein würfeln. Die Pilze waschen, mit Küchenpapier trockentupfen, falls nötig putzen, anschließend blättrig schneiden.

Das Hähnchenfleisch kalt abspülen, trockentupfen, zunächst quer zur Faser in dünne Scheiben, diese dann in feine Streifen schneiden.

2 EL Öl in einer großen beschichteten Pfanne erhitzen, die Zwiebeln darin andünsten, das Gemüse, die Pilze und die Ananas dazu geben und unter gelegentlichem Wenden anbraten. Alles aus der Pfanne nehmen und beiseite stellen.

Die Pfanne mit Küchenpapier auswischen und das restliche Öl darin erhitzen. Das Hähnchenfleisch von allen Seiten kräftig darin anbraten. Mit Pfeffer, Paprika, Curry und Salz würzen und mit dem Wein ablöschen. Die Brühe und die Gemüsemischung dazugeben und alles 5 Minuten zugedeckt köcheln lassen. Die Creme fraîche einrühren.

Die Petersilie waschen, fein hacken und untermischen.

Tipp: Dazu passt am besten Reis, aber auch schmale Bandnudeln. Rechnen Sie für Diabetiker etwa 180 bis 200 g gegarten Reis oder Nudeln, und vergessen Sie nicht, für die Beilage die kcal und die BE bzw. die KH-Portionen anzurechnen.

Pochierte Lachsfilets mit rotem Zwiebelgemüse

Für 4 Personen

Für das Zwiebelgemüse:
600 g rote Zwiebeln
20 g frischer Ingwer
30 g Butter
1/4 l trockener Rotwein
2 TL Essigessenz
2 TL brauner Zucker (Rohzucker)
Pfeffer, Salz

Für den Lachs:
600 g Lachsfilet (küchenfertig)
1 – 2 TL Essigessenz (25 % Säure)
2 EL Wasser
Pfeffer, Salz
400 g Hummerfond (aus dem Glas)
1/8 l trockener Weißwein
100 g Sahne (40 % Fett)
1 Tütchen Safran
1 TL Speisestärke (5 g)
einige Zweige Zitronenmelisse

Pro Person etwa:
34 g Eiweiß, 35 g Fett, 15 g Kohlenhydrate (0,5 BE bzw. 0,6 KH-Portionen), 555 kcal

Die Zwiebeln schälen und in schmale Spalten schneiden. Den Ingwer dünn schälen und fein hacken.
Die Butter in einem Topf erhitzen, die Zwiebeln und den Ingwer darin andünsten, das Gemüse mit dem Rotwein ablöschen. Die Essigessenz, Zucker, Pfeffer und Salz hinzugeben und alles zugedeckt 10 bis 15 Minuten köcheln lassen.
Inzwischen den Lachs kalt abbrausen, mit Küchenpapier trockentupfen und in 8 Scheiben schneiden. Essigessenz mit 2 EL Wasser verdünnen und die Lachsscheiben damit von allen Seiten beträufeln. Kurz durchziehen lassen, trockentupfen und mit Pfeffer und Salz würzen.
Den Hummerfond zusammen mit dem Weißwein und etwas Pfeffer und Salz in einen Topf geben, die Flüssigkeit aufkochen lassen, die Fischscheiben hineingeben und bei schwacher Hitze etwa 5 Minuten darin pochieren (ziehen lassen). Aus dem Sud nehmen und warmstellen.
Die Flüssigkeit ohne Deckel auf etwa 1/3 einkochen lassen, die Sahne sowie den Safran hinzufügen und alles noch ein paar Minuten kochen lassen.
Die Zitronenmelisse waschen, trockentupfen, fein hacken und zur Sauce geben.
Die Lachsscheiben auf vier Tellern anrichten, die Sauce darüber verteilen und das Zwiebelgemüse dazu reichen.

Lengfisch mit Kräuter-Nuss-Kruste

Für 4 Personen

400 g Lauch
400 g Brokkoli
400 g Staudensellerie
100 g Erbsen (TK-Ware)
1 Bund glatte Petersilie
einige Zweige Estragon
30 g Haselnusskerne
2 EL mittelscharfer Senf
Pfeffer, Salz
4 Lengfischfilets (ca. 800 g, küchenfertig)
1 EL Essigessenz (25 % Säure)
100 g Creme fraîche
¼ l Fleischbrühe (aus Würfel oder Instantpulver)

Pro Person etwa:
49 g Eiweiß, 15 g Fett, 14 g Kohlenhydrate (0,4 BE bzw. 0,5 KH-Portionen), 386 kcal

Den Lauch sorgfältig waschen und putzen und in Ringe schneiden. Den Brokkoli waschen, von den dicken Strünken die Haut abziehen und das Gemüse in Röschen teilen, die Stiele und Strünke in mundgerechte Stücke schneiden. Die Selleriestangen waschen, putzen und klein schneiden.
Das vorbereitete Gemüse und die Erbsen in reichlich kochendem Wasser etwa 3 Minuten blanchieren, auf ein Sieb schütten, abschrecken und abtropfen lassen.
Petersilie und Estragon waschen, trockentupfen und fein hacken, die Nüsse ebenfalls fein hacken. Kräuter und Nüsse mischen, den Senf unterrühren und mit Pfeffer und Salz würzen.
Den Backofen auf 200 °C vorheizen.
Die Fischfilets kalt abbrausen, mit Küchenpapier trockentupfen, pfeffern und salzen.
Das Gemüse in eine feuerfeste Form füllen. Essigessenz zusammen mit Creme fraîche und Brühe verrühren und über dem Gemüse verteilen.
Die Fischfilets daraufsetzen, die Kräuter-Nuss-Mischung darauf verteilen und leicht andrücken.
Den Fisch im Backofen etwa 30 Minuten auf mittlerer Einschubleiste backen.

Tipp: Dazu passen Petersilienkartoffeln. Rechnen Sie für Diabetiker max. 200 Gramm Kartoffeln. Der Energiegehalt für diese Beilage beträgt 142 kcal, es sind 29,6 g Kohlenhydrate enthalten. Das entspricht 2,5 BE bzw. 2,7 KH-Portionen, die Sie zum Fischgericht hinzuzählen müssen.

Für 4 Personen

4 große mehligkochende Kartoffeln (á 200 g)
2 EL flüssige Sonnenblumenmargarine
Pfeffer, Salz
4 EL frische, fein gehackte Kräuter (Thymian, Dill, Oregano)
2 Packungen Seelachsfilets (TK-Ware, à 250 g)
4 große Champignons (à ca. 50 g)
4 vollreife Tomaten
2 EL Pesto (fertige Basilikum-Olivenöl-Mischung aus dem Glas)
70 g geriebener Parmesan

Pro Person etwa:
29 g Eiweiß, 35 g Fett, 31 g Kohlenhydrate (2,6 BE bzw. 2,8 KH-Portionen), 552 kcal

Seelachsfilets mit gefüllten Champignons, Tomaten und Kartoffeln

Den Backofen auf 200 °C vorheizen. Die Kartoffeln waschen, gut abbürsten und der Länge nach halbieren. Mit flüssiger Margarine bestreichen und mit Pfeffer sowie Salz würzen.
Ein Backblech mit Backpapier auslegen und die Kartoffeln auf eine Hälfte des Backblechs mit der Schnittfläche nach oben legen und mit $^{2}/_{3}$ der Kräuter bestreuen. Die Kartoffeln auf mittlerer Einschubleiste etwa 10 Minuten vorbacken.
Die Fischfilets unaufgetaut auf die andere Hälfte des Backblechs neben die Kartoffeln legen und für weitere 20 Minuten in den Ofen schieben. Inzwischen die Pilze waschen, mit Küchenpapier trockentupfen, falls nötig putzen, die Stiele herausdrehen. Die Pilzstiele fein hacken, mit dem Pesto mischen und in die Pilzköpfe füllen.
Die Tomaten waschen, die Stielansätze großzügig herausschneiden und in die Öffnung die restlichen Kräuter streuen. Die Pilze und die Tomaten mit Parmesan bestreuen, zu Kartoffeln und Fisch auf das Blech setzen und alles noch einmal 10 Minuten im Ofen backen.
Richten Sie pro Person ein Fischfilet mit zwei Kartoffelhälften und je einem gefüllten Champignon und einer Tomate auf Portionstellern an.

Marinierte Rotbarschfilets mit Folienkartoffeln

Für 4 Personen

Für die Folienkartoffeln:
4 gleichgroße mehlige Kartoffeln (à ca. 200 g)
200 g saure Sahne (10 % Fett)
100 g gerührter Magermilch-joghurt (0,2 % Fett)
Pfeffer, Salz
1 Bund Kerbel oder Schnittlauch

Für die Rotbarschfilets:
4 Rotbarschfilets (à ca. 150 g, küchenfertig)
Saft von 1 Zitrone
2 EL Sojasauce
2 EL mittelscharfer Senf
Pfeffer, Salz
etwas Mehl zum Bestäuben
40 g Butterschmalz

Pro Person etwa:
35 g Eiweiß, 21 g Fett, 34 g Kohlenhydrate (2,8 BE bzw. 3,1 KH-Portionen), 469 kcal

Die Kartoffeln waschen und gründlich abbürsten und knapp mit Wasser bedeckt im geschlossenen Topf etwa 30 Minuten kochen.
Für die Creme die saure Sahne zusammen mit dem Joghurt verrühren und mit Pfeffer und Salz würzen. Die Kräuter waschen, trockenschütteln, fein hacken und unter die Creme mischen.
Die Fischfilets kalt abbrausen, mit Küchenpapier trockentupfen, von allen Seiten mit Zitronensaft einreiben und 5 Minuten durchziehen lassen, anschließend wieder abtupfen.
Die Sojasauce zusammen mit dem Senf, etwas Pfeffer und Salz verrühren und die Fischfilets damit von beiden Seiten bestreichen. Den Fisch etwa 15 Minuten durchziehen lassen, anschließend in Mehl wenden.
Die Hälfte des Fettes in einer beschichteten Pfanne erhitzen und 2 Fischfilets darin von beiden Seiten knusprig braun backen. Herausnehmen, das restliche Fett in der Pfanne erhitzen und die beiden anderen Fischfilets darin backen. Die Fischfilets warm stellen.
Die Kartoffeln abgießen, auf Teller verteilen, in der Mitte mit Hilfe von zwei Gabeln aufbrechen und die Kräutercreme in die Öffnungen häufen. Die Fischfilets dazu servieren.

Überbackene Makrelen mit Kräuterkartoffeln

Für 4 Personen

Für die Kräuterkartoffeln:
750 g kleine bis mittelgroße, festkochende Kartoffeln
1 Zwiebel (ca. 40 g)
1 Knoblauchzehe
1 Bund Petersilie
einige Zweige Thymian
2 Zweige Estragon
1 EL Sonnenblumenmargarine
Pfeffer, Salz

Für die Makrelen:
600 g Makrelenfilets (küchenfertig)
Saft von 1 Zitrone
Pfeffer
wenig Paprikapulver
Salz
2 EL Weizenvollkornmehl
4 EL Sonnenblumenöl (40 g)
50 g geraspelter Emmentaler

Pro Person etwa:
37 g Eiweiß, 34 g Fett, 33 g Kohlenhydrate (2,8 BE bzw. 3,0 KH-Portionen), 593 kcal

Die Kartoffeln waschen und knapp mit Salzwasser bedeckt etwa 25 Minuten garen.
Inzwischen die Zwiebel und den Knoblauch schälen und fein hacken. Die Kräuter waschen, mit Küchenpapier trockentupfen, die Petersilie fein hacken und von den anderen Kräutern die Blättchen von den Stielen zupfen, dann die Blättchen grob zerkleinern.
Die Margarine in einer beschichteten Pfanne erhitzen und die Zwiebel sowie den Knoblauch darin glasig dünsten. Die Kräuter zugeben und kurz mitdünsten.
Die Kartoffeln abgießen, abschrecken und pellen, in Viertel oder Achtel schneiden, zu den Kräutern in die Pfanne geben, mit Pfeffer und Salz würzen, vorsichtig wenden und bis zum Servieren warmstellen.
Die Makrelenfilets kalt abbrausen, mit Küchenpapier trockentupfen und mit Zitronensaft einreiben, 5 Minuten durchziehen lassen und noch einmal abtupfen, mit Pfeffer, Paprika und Salz würzen. Anschließend die Filets mit Mehl bestäuben und leicht abklopfen.
Den Backofen auf 200 °C vorheizen.
Das Öl in einer beschichteten Pfanne erhitzen, die Fischfilets darin langsam bei milder Hitze von beiden Seiten goldbraun braten, auf Küchenpapier abtropfen lassen und in eine feuerfeste Form legen. Den Käse darauf verteilen und das Ganze auf mittlerer Einschubleiste etwa 15 Minuten knusprig überbacken.
Die Fischfilets zusammen mit den Kräuterkartoffeln anrichten.

Gebackene Forellen mit Kartoffeln

Für 4 Personen

4 küchenfertige Forellen (à ca. 180 – 200 g, ausgenommen, entgrätet, ohne Kopf)
Saft von 1 Zitrone
Pfeffer, Salz
1 Bund glatte Petersilie
2 EL flüssige Butter
1 kg mittelgroße festkochende Kartoffeln

Zum Garnieren:
1 unbehandelte Zitrone

Pro Person etwa:
44 g Eiweiß, 10 g Fett, 37 g Kohlenhydrate (3,1 BE bzw. 3,4 KH-Portionen), 422 kcal

Die Forellen innen und außen kalt abspülen. Mit Küchenpapier sorgfältig trockentupfen und innen und außen mit Zitronensaft einreiben. Einige Minuten durchziehen lassen und wieder trockentupfen. Die Fische innen und außen salzen und pfeffern.
Den Backofen auf 180 °C vorheizen und ein Backblech mit Backpapier auslegen.
Die Petersilie waschen, trockenschütteln, fein hacken und etwa zwei Drittel in das Innere der Fische füllen. Die Fische auf das Backblech legen, die Oberseite jeweils mit etwas Butter bestreichen, und die Fische auf mittlerer Einschubleiste etwa 15 Minuten backen.
Inzwischen die Kartoffeln waschen, schälen, in Würfel schneiden und knapp mit Salzwasser bedeckt im geschlossenen Topf etwa 25 Minuten kochen.
Zwischendurch die Fische vorsichtig wenden, mit der restlichen Butter bestreichen, weitere 15 Minuten backen.
Die Zitronen heiß abwaschen, abtrocknen und in acht Schnitze teilen. Die Kartoffeln abgießen, in eine Schüssel geben und mit der restlichen Petersilie bestreut zu den gebackenen Forellen mit den Zitronenachteln servieren.

Tipp: Dazu passt Blattsalat oder überbackener Fenchel (s. S. 96).

Für 4 Personen

800 g neue Kartoffeln
Salz
2 Bund Dill
300 g saure Sahne (10 % Fett)
100 g Magerquark
2 EL Zitronensaft
Pfeffer, Salz
2 Zwiebeln (ca. 150 g)
4 mittelgroße Gewürzgurken
600 g Matjesfilets

Pro Person etwa:
35 g Eiweiß, 42 g Fett, 37 g Kohlenhydrate (2,8 BE bzw. 3,0 KH-Portionen), 671 kcal

Matjes mit Dillcreme und Pellkartoffeln

Die Kartoffeln waschen, gut abbürsten, und knapp mit leicht gesalzenem Wasser bedeckt im geschlossenen Topf etwa 25 Minuten kochen.
Inzwischen den Dill waschen, die groben Stiele entfernen, vier schöne Zweige für die Garnitur beiseite legen. Den restlichen Dill fein hacken, unter die saure Sahne rühren, den Quark sowie den Zitronensaft untermischen und mit Pfeffer und Salz würzen.
Die Zwiebeln schälen und in sehr schmale Ringe schneiden. Die Gurken der Länge nach fächerartig einschneiden. Die Matjesfilets abtropfen lassen, pro Person 2 – 3 Stück (150 g) auf einen Teller legen, einige Zwiebelringe darauf anrichten, einen Gurkenfächer daneben legen und die Dillcreme in einem Schälchen separat servieren. Die Kartoffeln abgießen, kurz offen ausdampfen lassen, in eine Schüssel füllen und zum Matjes servieren.

Tipp: Bei neuen Kartoffeln können Sie die Schale mitessen. Deshalb die Kartoffeln vor dem Kochen gut gewaschen und abbürsten!

Gegrillte Garnelen mit grünen Bohnen

Für 4 Personen

1 Zwiebel (ca. 40 g)
1 Knoblauchzehe
600 g Riesengarnelenschwänze (küchenfertig ausgelöst und gesäubert)
weißer Pfeffer
Currypulver
Salz
1 EL Sonnenblumenöl (10 g)
1 EL Sonnenblumenmargarine
1 Schalotte
500 g grüne Bohnen
½ TL getrocknetes Bohnenkraut

Pro Person etwa:
36 g Eiweiß, 18 g Fett, 18 g Kohlenhydrate (ohne Anrechnung von BE und KH-Portionen), 366 kcal

Den Backofen auf 200 °C vorheizen und ein Backblech mit Alufolie auslegen.
Die Zwiebel und den Knoblauch schälen und fein hacken. Die Riesengarnelenschwänze kalt abbrausen und mit Küchenpapier trockentupfen, mit Pfeffer, Curry und Salz würzen und mit dem Öl bestreichen.
Die Garnelenschwänze auf dem Backblech verteilen und auf mittlerer Einschubleiste etwa 10 Minuten backen.
Inzwischen die Margarine in einem Topf erhitzen, die Schalotte schälen und fein hacken und in der Margarine andünsten. Die Bohnen und das Bohnenkraut dazugeben und das Gemüse bei milder Hitze etwa 15 Minuten im geschlossenen Topf dünsten, mit Pfeffer und Salz würzen.
Die Garnelen zusammen mit den Bohnen anrichten.

Tipp: Dazu passen Salzkartoffeln oder auch Djuvec-Reis (Reis mit würziger Tomaten- und Paprikapaste). Rechnen Sie für Diabetiker eine Beilage von maximal 200 g gekochten Nudeln bzw. gekochtem Reis und berechnen Sie die kcal, die BE und KH-Portionen für die Beilage mit.

Für 4 Personen)

1 kg frische Miesmuscheln (ersatzweise 125 g TK-Muschelfleisch)
2 mittelgroße Zwiebeln (ca. 150 g)
2 Knoblauchzehen
2 EL Olivenöl (20 g)
1 kleine Dose Tomatenmark (70 g)
1 EL Essigessenz (25 % Säure)
1/4 l Gemüsebrühe (aus Würfel oder Instantpulver)
250 g Tintenfischringe (TK-Ware)
200 g Garnelen (Schrimps, TK-Ware)
Pfeffer
Salz
1 Bund Basilikum
300 g Bandnudeln (Rohgewicht)
1 EL Butterschmalz

Pro Person etwa:
33 g Eiweiß, 12 g Fett, 56 g Kohlenhydrate (4,4 BE bzw. 4,8 KH-Portionen), 459 kcal

Meeresfrüchte mit Bandnudeln

Die Muscheln gründlich waschen und abbürsten, in reichlich kochendes Wasser geben und bei geschlossenem Deckel etwa 5 Minuten kochen, bis sich alle Schalen geöffnet haben. Geschlossene Muscheln bitte wegwerfen! Das Wasser abgießen und das Muschelfleisch aus den Schalen lösen.

Die Zwiebeln und den Knoblauch schälen und fein würfeln. Das Öl in einem Topf erhitzen und die Zwiebel- und Knoblauchwürfel darin glasig dünsten. Das Tomatenmark und die Essigessenz untermischen und das Ganze mit der Brühe auffüllen. Die Sauce gut verrühren, dann das Muschelfleisch, die Tintenfischringe und die Garnelen in die Sauce geben, das Ganze zugedeckt etwa 10 Minuten leise köcheln lassen. Die Sauce mit Pfeffer und Salz abschmecken.

Das Basilikum waschen, trockenschütteln und die Blättchen fein wiegen. Die Kräuter unter die Sauce mischen.

Etwa 3 Liter Salzwasser aufkochen und die Bandnudeln darin bissfest garen. Auf ein Sieb schütten, gut abtropfen lassen.

Das Butterschmalz erhitzen und die Nudeln darin wenden. Die Meeresfrüchte zusammen mit den Nudeln servieren.

Desserts

Viele Menschen sind der Ansicht, Süßes sei für Diabetiker tabu. Dies ist nicht ganz richtig: Diabetiker sollten lediglich auf normale Süßwaren verzichten, da diese große Mengen Zucker enthalten. Honig ist übrigens genauso zu bewerten wie Zucker. Kleine Mengen (bis maximal 50 g pro Tag) sind für Diabetiker jedoch erlaubt. Dabei ist es wichtig, den Zucker bzw. Honig nicht pur zu sich zu nehmen, sondern möglichst zusammen mit ballaststoffreichen Lebensmitteln wie z. B. Hafer- oder Kleieflocken. Die Verwendung von Zuckeraustauschstoffen wie Fructose („Diabetikerzucker"), Sorbit und Xylit wird heute nicht mehr befürwortet. Die gängigen kalorienfreien Süßstoffe auf der Basis von Cyclamat, Saccharin sowie Aspartame allerdings dürfen Diabetiker zum Süßen verwenden. Wichtig ist aber, sie vorsichtig zu dosieren, da sie eine hohe Süßkraft besitzen. Sinnvoller ist es auf jeden Fall, wenn Diabetiker sich insgesamt an weniger Süße gewöhnen.

Quarkcreme mit Pfirsichen

Für 4 Personen

400 g Magerquark (10 % Fett)
100 ml fettarme Milch
4 TL Honig (40 g) oder
40 g Zucker oder
etwas kalorienfreier Süßstoff
80 g Haferkleieflocken
2 EL Zitronensaft
2 große frische Pfirsiche (ca. 300 g entsteint)
8 EL Haferfleks mit Kleie (60 g)

Den Quark zusammen mit der Milch in eine Schüssel geben und mit dem Schneebesen glattrühren. Honig, Zucker oder Süßstoff hinzugeben und alles gut miteinander verrühren.
Die Pfirsiche heiß abwaschen, mit Küchenpapier trockentupfen, halbieren, entsteinen, die Fruchthälften in Spalten schneiden und auf vier Dessertschälchen verteilen.
Die Quarkcreme darauf verteilen und das Dessert mit Haferfleks bestreuen.

Pro Person etwa:
20 g Eiweiß, 4 g Fett, 38 g Kohlenhydrate (3,1 BE bzw. 3,4 KH-Portionen), 272 kcal

Himbeertraum

Für 6 Personen

Für die Röstflocken:
30 g Butter
125 g kernige Haferflocken
20 g Zucker

Für die Creme:
5 Blatt weiße Gelatine
450 g Himbeeren
Saft von 1 Zitrone
3 Tropfen kalorienfreier Süßstoff
250 g Speisequark (20 % F. i. Tr.)
100 g gerührter Magermilchjoghurt (0,2 % Fett)
125 g Sahne (40 % Fett)

Zum Garnieren:
Zitronenmelisse

Pro Person etwa:
9 g Eiweiß, 14 g Fett, 24 g Kohlenhydrate (2,0 BE bzw. 2,1 KH-Portionen), 265 kcal

Die Butter in einer beschichteten Pfanne schmelzen, die Haferflocken sowie den Zucker hineinstreuen und unter Rühren anrösten. Die Röstflocken in einen Teller geben und abkühlen lassen.
Die Gelatine in kaltem Wasser einweichen. Die Himbeeren waschen, verlesen, putzen, 150 g halbieren und beiseite stellen, die restlichen Himbeeren in eine Schüssel geben. Den Zitronensaft und 2 Tropfen Süßstoff hinzufügen und das Ganze mit einem Passierstab pürieren.
2 Blatt Gelatine ausdrücken, in ein Schälchen geben und im heißen Wasserbad auflösen. Die Gelatine rasch unter das Himbeerpüree rühren. Den Quark zusammen mit dem Joghurt verrühren, 1 Tropfen Süßstoff untermischen, dann die restliche Gelatine ausdrücken, im heißen Wasserbad auflösen und rasch unter die Quarkmasse mischen. Die Sahne steif schlagen und unterrühren. Die Himbeerhälften sowie 2 EL Himbeerpüree so unter die Quarkcreme ziehen, dass eine rote Marmorierung entsteht.
Ein Drittel der Röstflocken auf 6 Dessertgläser verteilen, etwas vom restlichen Himbeerpüree darauf träufeln, darauf die Hälfte der Creme verteilen, wieder ein Drittel Röstflocken, etwas Himbeerpüree und die restliche Creme darauf geben. Zuletzt die übrigen Röstflocken und das restliche Himbeerpüree darauf verteilen. Die Gläser in den Kühlschrank stellen und das Dessert etwa 1 Stunde kühlen. Vor dem Servieren mit Zitronenmelisseblätter garnieren.

Orangen-Frischkäse-Creme

Für 4 Personen

6 Blatt weiße Gelatine
3 Orangen
2 cl Orangenlikör
1 Vanilleschote
200 g Sahne (40 % Fett)
75 ml Milch
30 g Zucker
150 g cremig-sahnige Frischkäsezubereitung (20 % F. i. Tr.)
200 g Erdbeeren

Zum Garnieren:
frische Minze
1 EL Schokospäne

Jeweils 2 und 4 Blatt Gelatine getrennt in kaltem Wasser einweichen.
Eine Orangen halbieren, auspressen und 100 ml Orangensaft mit dem Likör verrühren.
2 Blatt Gelatine ausrücken, in ein Schälchen geben und im heißen Wasserbad auflösen und unter die Orangensaft-Likör-Mischung rühren.
4 Förmchen mit jeweils 150 ml Inhalt kalt ausspülen und die Flüssigkeit darauf verteilen. Kalt stellen und fest werden lassen.
Die Vanilleschote der Länge nach aufschneiden, das Mark herausschaben und die Schote, das Mark, die Sahne und die Milch in einen Topf geben. Den Zucker dazugeben und alles unter Rühren zum Kochen bringen. Etwa 5 Minuten durchköcheln lassen, dann vom Herd nehmen, die Vanilleschote entfernen und das Ganze leicht abkühlen lassen.
Die restliche Gelatine ausdrücken und in der warmen Flüssigkeit unter Rühren auflösen. Den Frischkäse gleichmäßig unterrühren. Die Creme auf die Orangenmasse in die Förmchen geben und etwa 3 Stunden kalt stellen.
Die restlichen Orangen dick schälen und dabei die weiße Haut entfernen. Die Orangenfilets mit einem scharfen Messer aus den Häuten lösen.
Die Erdbeeren waschen, putzen und halbieren oder in Scheiben schneiden.
Die Förmchen kurz in heißes Wasser halten, die Creme auf Teller stürzen und die Früchte um die Creme herum anordnen. Die Desserts mit Minzeblättchen und Schokospänen garnieren.

Pro Person etwa:
8 g Eiweiß, 18 g Fett, 24 g Kohlenhydrate (2,0 BE bzw. 2,2 KH-Portionen), 310 kcal

Tipp: Wenn Sie keine geeigneten Förmchen besitzen, können Sie auch Kaffeetassen oder Dessertschälchen nehmen.

Westfälischer Kirschbecher

Für 4 Personen

350 g dunkle Süßkirschen
2 cl Kirschlikör
2 Scheiben Pumpernickel (à 50 g)
2 EL grob gehackte Haselnüsse
200 g Schichtkäse (20 % F. i. Tr.)
50 g gerührter Magermilchjoghurt (0,2 % Fett)
1 Päckchen Vanillezucker (8 g)
kalorienfreier Süßstoff

Pro Person etwa:
9 g Eiweiß, 6 g Fett, 35 g Kohlenhydrate (2,9 BE bzw. 3,2 KH-Portionen), 234 kcal

Die Kirschen waschen, entsteinen, grob zerkleinern, mit dem Likör mischen und durchziehen lassen.
Das Brot zerkrümeln, mit den Nüssen mischen und in einer beschichteten Pfanne ohne Fettzugabe knusprig anrösten.
Den Schichtkäse zusammen mit dem Joghurt, dem Vanillezucker und dem Süßstoff verrühren.
Vier hohe Dessertgläser bereitstellen. Zunächst ein paar Kirschen hineingeben, darauf etwas Schichtkäsecreme schichten, die Knuspermischung darauf verteilen, die restliche Schichtkäsecreme darauf verteilen und mit Kirschen abschließen.

Tipp: Bei Verwendung von Süßstoff sparen Sie pro Portion etwa 8 g Kohlenhydrate und 32 kcal.

Knusper-Bratäpfel

Für 4 Personen

4 mittelgroße Äpfel (z. B. Cox Orange, Gloster, Boskoop)
Butter für die Form
3 EL Rosinen
3 EL gehackte Haselnusskerne
2 frische Eiweiß (Gew. Kl. M)
kalorienfreier Süßstoff,
Zimtpulver
4 EL kernige Haferflocken

Pro Person etwa:
4 g Eiweiß, 6 g Fett, 31 g Kohlenhydrate (2,6 BE bzw. 2,8 KH-Portionen), 185 kcal

Die Äpfel waschen, mit Küchenpapier trockentupfen, das Kerngehäuse herausstechen.
Eine feuerfeste Form mit Butter ausstreichen und die Äpfel hineinsetzen. Den Backofen auf 180 °C vorheizen.
Die Rosinen heiß waschen, in Küchenpapier leicht ausdrücken und mit den Nüssen mischen.
Das Eiweiß steif schlagen, mit Süßstoff und Zimt abschmecken, die Nussmischung sowie die Haferflocken untermischen.
Den größten Teil der Masse in die Äpfel füllen, den Rest als Haube obendrauf setzen. Die Äpfel auf mittlerer Einschubleiste etwa 20 bis 25 Minuten backen.

Beerensülze mit Häubchen

Für 4 Personen

5 Blatt rote Gelatine
300 g gemischte Beerenfrüchte (Erdbeeren, Himbeeren, Johannisbeeren, Brombeeren, Heidelbeeren)
300 ml Apfelsaft oder roter Traubensaft
½ Vanilleschote
einige Tropfen kalorienfreier Süßstoff
1 Becher Sahnedickmilch (175 g , 10 % Fett)

Die Gelatine in kaltem Wasser einweichen, 10 Minuten quellen lassen.
Inzwischen die Beeren waschen, abtropfen lassen, verlesen und putzen.
Den Apfel- oder Traubensaft in einem Töpfchen erhitzen, die Vanilleschote der Länge nach aufschneiden, das Mark herausschaben und zum Saft geben.
Vier Förmchen bereitstellen. Die Gelatine ausdrücken und unter Rühren im heißen Saft auflösen. Die Flüssigkeit mit etwas Süßstoff nachsüßen, da die Gelatine Süßkraft „schluckt".
In die Förmchen einen Spiegel Flüssigkeit geben und festwerden lassen.
Die Hälfte der Beeren als dünne Schicht daraufgeben, wieder etwas Flüssigkeit aufgießen, so dass die Zwischenräume ausgefüllt sind, die restlichen Beeren einfüllen und den Rest der Flüssigkeit daraufgießen.
Das Ganze im Kühlschrank zu einer Sülze erstarren lassen.
Zum Servieren auf kleine Teller stürzen. Die Sahnedickmilch glattrühren und auf jede Portion einen Klecks Sahnedickmilch geben.

Pro Person etwa:
2 g Eiweiß, 5 g Fett, 15 g Kohlenhydrate (1,2 BE bzw. 1,3 KH-Portionen), 113 kcal

Für 4 Personen

2 Kiwi (150 g)
4 Scheiben frische Ananas (à ca. 100 g)
150 g Erdbeeren
1 Mango (200 g Fruchtfleisch)
100 g Sahnedickmilch, (10 % Fett)
40 g kernige Haferflocken
2 EL Kokosraspel

Pro Person etwa:
4 g Eiweiß, 7 g Fett, 33 g Kohlenhydrate (2,7 BE bzw. 3,0 KH-Portionen), 212 kcal

Exotenteller mit Knusperflocken

Die Kiwi dünn schälen, in Scheiben schneiden und auf vier Tellern jeweils auf einer Tellerhälfte anrichten. Aus den Ananasscheiben die Mitte ausstechen, die Schale mit einem scharfen Messer wegschneiden, dabei die „Augen“ mitentfernen. Die Ananasringe halbieren und die Halbringe auf den Tellern hübsch arrangieren.

Die Erdbeeren waschen, putzen, in Viertel oder Scheiben schneiden und die Früchte auf den Tellern verteilen, dabei eine kleine Fläche für die Sauce freilassen.

Von der Mango die ledrigen Haut mit einem spitzen Messer abziehen, das Fruchtfleisch stückchenweise vom Kern schneiden und mit einem Passierstab zu einer cremigen Sauce pürieren. Die Sauce auf die freie Fläche der Teller verteilen.

Die Sahnedickmilch cremig rühren, auf jeden Saucenspiegel etwas Dickmilch geben mit einem Holzstäbchen dekorativ durch die Mangosauce ziehen.

Eine beschichtete Pfanne erhitzen, die Haferflocken zusammen mit den Kokosraspeln hineingeben und unter Rühren trocken anrösten.

Die Knusperflocken über die Früchte streuen.

Die 7-Tage-Diabeteskost zur Gewichtsreduzierung

Dieses Ernährungsprogramm ist ein einfacher Einstieg in eine längerfristige Gewichtsabnahme. Pro Tag nehmen Sie nur etwa 1500 kcal zu sich, verteilt auf sechs Mahlzeiten.

Die Rezepte sind für jeweils eine Person gedacht, lassen sich aber leicht erweitern. Familienmitglieder, die nicht auf ihr Gewicht achten müssen, können natürlich statt der Halbfettprodukte oder fettarmer Lebensmittel die bisher gewohnten Produkte verwenden.

Um auf Dauer kalorien- und fettbewußt zu kochen, sollten Sie sich eine Nährwerttabelle anschaffen. Hinweise zu Literatur und zu weiterführenden Infos finden Sie im Anhang des Buches.

Berufstätige Diabetiker können ihre Zwischenmahlzeiten zuhause vorbereiten und mitnehmen. Das warme Mittagessen ist gegen das Abendessen auszutauschen. Essen Sie stattdessen am Abend warm.

Feste Kostpläne haben oft den Nachteil, dass um der Abwechslung willen viele Zutaten erforderlich sind und entsprechend viele Reste bleiben, weil angebrochene Packungen nicht aufgebraucht werden. Mit dieser 7-Tage-Kost haushalten Sie wirtschaftlich, denn die benötigten Zutaten kommen öfter vor und können aufgebraucht werden.

Natürlich können Sie jederzeit andere Obst- und Gemüsesorten verwenden. Schlagen Sie aber die Nährwerte in Ihrer Nährstofftabelle nach, damit die Kalorien- und KH-Bilanz in etwa stimmt. Also: Nicht 100 g Apfel gegen 100 g Banane austauschen oder 100 g Banane gegen 100 g Erdbeeren. Bitte die Kohlenhydrataustauschtabelle (Seite 35) verwenden!

Noch ein Hinweis zum Schluss: Die Zugabe von Kleie und Cornflakes zu zuckerreichen Früchten verhindert einen zu schnellen Blutzuckeranstieg und -abfall.

Tipp: Mengenangaben in der Zutatenliste beziehen sich stets auf den verzehrfähigen Anteil, nach diesen Angaben wurde auch die Nährwertberechnung erstellt. Wiegen Sie also Gemüse und Obst erst nach dem Schälen und Putzen ab.

1. Tag

1 Scheibe Roggenbrot (45 g)
2 EL Speisequark (20 % F. i. Tr., 50 g)
½ kleine Banane (50 g)
150 ml kalte Vollmilch
1 Tropfen Backaroma „Vanille“
evtl. kalorienfreier Süßstoff

14 g Eiweiß, 8 g Fett, 40 g Kohlenhydrate (3,3 BE bzw. 3,6 KH-Portionen), 288 kcal

Frühstück

Bananenbrot und Vanille-Milchshake

Das Brot mit Quark bestreichen, die Bananenhälfte schälen in Scheibchen schneiden und schuppenartig auf dem Quark anordnen.
Die Milch mit dem Vanillearoma verrühren, evtl. mit Süßstoff abschmecken und das Ganze mit einem Schneebesen kräftig aufschlagen, bis der Drink schaumig wird.

1 Scheibe Roggenbrot (45 g)
1 TL Halbfettmargarine (5 g)
50 g Radieschen
Salz
1 TL Schnittlauchröllchen

4 g Eiweiß, 3 g Fett, 22 g Kohlenhydrate (1,8 BE bzw. 1,9 KH-Portionen), 123 kcal

Zwischenmahlzeit vormittags

Radieschenbrot

Das Brot mit Halbfettmargarine bestreichen. Die Radieschen waschen, putzen und in Scheiben schneiden, schuppenartig auf das Brot legen und leicht salzen. Mit Schnittlauch bestreuen.

Tipp: Statt Radieschen können Sie je nach Marktangebot auch Tomaten- oder Gurkenscheiben verwenden. Mengen bis 200 g müssen nicht angerechnet werden.

Mittagessen

Tomatencremesuppe mit Croutons, Putenschnitzel mit Champignons und Kartoffelpüree

200 g mehligkochende Kartoffeln
Salz
1 dünnes Putenschnitzel (100 g)
Pfeffer
½ TL Kräuter der Provence
etwas Currypulver
200 g frische Champignons
½ kleine Zwiebel (ca. 20 g)
250 ml Tomatencremesuppe (aus dem Päckchen)
1 Scheibe Vollkorntoastbrot (25 g)
50 ml kochend heiße Milch
geriebene Muskatnuss

39 g Eiweiß, 7 g Fett, 47 g Kohlenhydrate (3,9 BE bzw. 4,2 KH-Portionen), 460 kcal

Die Kartoffeln waschen, schälen und in Stücke schneiden, mit leicht gesalzenem Wasser bedecken und zugedeckt etwa 20 Minuten garen.
Den Backofen auf 200 °C vorheizen.
Das Putenschnitzel rundherum mit Salz, Pfeffer, Kräutern der Provence und Curry würzen und auf ein Stück Alufolie legen.
Die Champignons waschen, putzen, blättrig schneiden und darauf verteilen. Die Zwiebel schälen, fein würfeln und darüber streuen. Die Folie schließen und das Ganze im Backofen etwa 15 Minuten braten.
Inzwischen die Tomatensuppe zubereiten. Das Brot im Toaster rösten und fein würfeln.
Die Kartoffeln abgießen, grob zerstampfen, mit den Rührbesen eines elektrischen Handrührgeräts die heiße Milch einrühren und das Püree mit Pfeffer, Muskat und Salz würzen.
Die Suppe mit den Brotwürfeln bestreut anrichten.
Das Fleisch mit dem Püree als Hauptgang servieren.

Zwischenmahlzeit nachmittags

Fruchtjoghurt

100 g Aprikosen, entsteint
150 g fettarmer Naturjoghurt
2 TL Schmelzflocken oder zarte Haferflocken (10 g)
kalorienfreier Süßstoff

7 g Eiweiß, 3 g Fett, 21 g Kohlenhydrate (1,8 BE bzw. 1,9 KH-Portionen), 152 kcal

Die Aprikosen waschen, entsteinen und fein würfeln. Unter den Joghurt mischen, die Schmelz- oder Haferflocken untermengen und das Ganze mit Süßstoff abschmecken.

Tipp: Statt Aprikosen können Sie jedes andere Obst der Saison verwenden. Schlagen Sie in der Kohlenhydrataustauschtabelle unter „Frischobst" (s. Seite 37) nach und wählen Sie die entsprechende Menge. Sie sollte im Kalorien- und Kohlenhydratgehalt in etwa der Menge von 100 g Aprikosen entsprechen.

Abendessen

Bunter Nudelsalat

50 g Vollkornnudeln (Rohgewicht, z. B. Spiralen oder Hörnchen)
Salz
½ rote Paprikaschote (75 g)
75 g Maiskörner aus der Dose
1 Scheibe Bierschinken (ca. 20 g)
Pfeffer
1 Msp. mittelscharfer Senf
1 TL Weißweinessig
2 EL Sahne (40% Fett, 20 g)

15 g Eiweiß, 11 g Fett, 51 g Kohlenhydrate (4,3 BE bzw. 4,6 KH-Portionen), 362 kcal

Die Nudeln in ½ l Salzwasser bissfest garen.
Inzwischen die halbe Paprikaschote waschen, die Kerne sowie die weißen Innenteile entfernen. Das Fruchtfleisch fein würfeln und zusammen mit den Maiskörnern in eine Schüssel geben. Den Bierschinken in feine Streifen schneiden und dazugeben.
Die Nudeln auf ein Sieb schütten, abschrecken, gut abtropfen lassen und unter die Zutaten in der Schüssel mischen. Das Ganze mit Salz, Pfeffer, Senf und Essig abschmecken und die Sahne untermischen.

Tipp: Den Nudelsalat können Sie gut für die ganze Familie zubereiten. Wiegen Sie die Diabetiker-Portion ab (ca. 275 g), für die anderen Familienmitglieder rühren Sie unter die restliche Menge saure Sahne oder mit Quark gestreckte Mayonnaise.

Spätmahlzeit

Mandarinensalat

4 Mandarinen (ca. 150 g)
1 TL Weizenkleie (3 g)

Die Mandarinen schälen, in Spalten teilen und klein schneiden, mit der Kleie mischen.

2 g Eiweiß, 0,5 g Fett, 13 g Kohlenhydrate 1,1 BE bzw. 1,2 KH-Portionen), 76 kcal

Insgesamt am 1. Tag:

81 g Eiweiß, 33 g Fett, 194 g Kohlenhydrate (16,2 BE bzw. 17,4 KH-Portionen), 1461 kcal

2. Tag

Frühstück

Apfel-Müsli

2 kleine Äpfel (ca. 200 g)
2 EL Vollkornhaferflocken (20 g)
1 TL Weizenkleie (3 g)
150 g Naturjoghurt (3,5 % Fett)
kalorienfreier Süßstoff

9 g Eiweiß, 8 g Fett, 39 g Kohlenhydrate (3,3 BE bzw. 3,5 KH-Portionen), 280 kcal

Die Äpfel waschen, vierteln, das Kerngehäuse jeweils herausschneiden und die Apfelstücke klein schneiden.
Mit den Haferflocken und der Kleie in einer Schüssel mischen.
Den Joghurt mit Süßstoff abschmecken und untermengen.

Zwischenmahlzeit vormittags

Schinkenbrot

1 Scheibe Roggenbrot (ca. 45 g)
1 TL Halbfettmargarine (5 g)
1 Scheibe gekochter Schinken ohne Fettrand (30 g)
einige Scheiben Salatgurke

12 g Eiweiß, 3 g Fett, 21 g Kohlenhydrate (1,8 BE bzw. 1,9 KH-Portionen), 161 kcal

Das Brot mit Halbfettmargarine bestreichen und den Schinken darauf legen. Das Brot mit Gurkenscheiben garnieren.

Mittagessen

Brokkoli-Kartoffel-Gratin

300 g Brokkoli
Salz
200 g festkochende Kartoffeln
1 EL Pflanzenmargarine (ca. 10 g)
1 gestrichener EL Weizenvollkornmehl (10 g)
ein Schuss Milch (ca. 25 g)
100 ml Fleisch- oder Gemüsebrühe (aus Instantpulver)
Pfeffer
geriebene Muskatnuss
2 EL geraspelter Edamer, (40 % F. i. Tr., 30 g)

Den Brokkoli waschen, putzen und in mundgerechte Stücke und Röschen teilen. In kochendem Wasser mit etwas Salz 4 Minuten blanchieren, abgießen und abtropfen lassen.
Die Kartoffeln waschen, schälen und in dünne Scheiben hobeln.
Den Backofen auf 200 ° C vorheizen.
Die Margarine erhitzen und das Mehl darin unter Rühren hell anschwitzen. Mit Milch ablöschen, alles klumpenfrei verrühren und die Brühe einrühren. Leise durchköcheln lassen, die Sauce mit Pfeffer, Muskat und Salz abschmecken.
Die Kartoffelscheiben und die Brokkolistücke in eine feuerfeste Form einschichten, die Sauce darüber geben und das Ganze mit Käse bestreuen. Auf mittlerer Schiene 20 Minuten backen.

24 g Eiweiß, 17 g Fett, 45 g Kohlenhydrate (3,8 BE bzw. 4,1 KH-Portionen), 444 kcal

Zwischenmahlzeit nachmittags

Bananenshake mit Weizenkleie

1 kleine Banane (100 g)
1 TL Weizenkleie (3 g)
1 TL Zitronensaft
150 g Buttermilch
kalorienfreier Süßstoff

Die Banane schälen, mit einer Gabel zerdrücken und das Mus zusammen mit Kleie, Zitronensaft und Buttermilch gut verquirlen. Den Drink mit Süßstoff abschmecken.

6 g Eiweiß, 1 g Fett, 27 g Kohlenhydrate (2,2 BE bzw. 2,5 KH-Portionen), 138 kcal

Abendessen

Käsebrotzeit

2 Scheiben Roggenbrot (à ca. 45 g)
1 TL Halbfettmargarine (5 g)
2 Scheiben Edamer (à ca. 20 g, 30 % F. i. Tr.)
1 kleine Tomate (ca. 50 g)
3 EL körniger Frischkäse (20 % F. i. Tr., 75 g)
1 EL Schnittlauchröllchen

25 g Eiweiß, 13 g Fett, 45 g Kohlenhydrate (3,6 BE bzw. 4,0 KH-Portionen), 400 kcal

Eine Scheibe Brot mit der Halbfettmargarine bestreichen und den Edamer darauf legen.
Die Tomate waschen, trockentupfen, vierteln, den Stielansatz herausschneiden und das Brot mit zwei Tomatenvierteln garnieren.
Den Frischkäse auf das zweite Brot verteilen, den Schnittlauch darüber streuen und das Brot mit den restlichen Tomatenvierteln garnieren.

Spätmahlzeit

Apfel

1 Apfel (ca. 150 g)

0,5 g Eiweiß, 1 g Fett, 16.g Kohlenhydrate (1,3 BE bzw. 1,5 KH-Portionen), 81 kcal

Insgesamt am 2. Tag:
77 g Eiweiß, 43 g Fett, 193 g Kohlenhydrate (16 BE bzw. 17 KH-Portionen), 1504 kcal

3. Tag

Frühstück:

Toastbrot mit Ei und Banane

1 frisches Ei (Gew. Kl. M)
2 Scheiben Vollkorntoastbrot (à 25 g)
1 TL Halbfettmargarine (5 g)
Salz
1 TL feingehackte Petersilie
1 gehäufter EL Magerquark (10 % F. i. Tr., 30 g)
½ kleine Banane (50 g)

Das Ei in etwa 10 Minuten hart kochen.
Die Brote toasten, eine Scheibe mit Halbfettmargarine bestreichen, das Ei abschrecken, pellen, in Scheiben schneiden und darauf legen. Mit Salz und Petersilie bestreuen.
Die zweite Toastbrotscheibe mit Quark bestreichen. Die Banane schälen, in Scheiben schneiden und darauf verteilen.

15 g Eiweiß, 11 g Fett, 36 g Kohlenhydrate (3,0 BE bzw. 3,3 KH-Portionen), 293 kcal

Zwischenmahlzeit vormittags

Mandarinen-Knusperjoghurt

2 Mandarinen (ca. 80 g)
3 EL Cornflakes (ca. 10 g)
150 g fettarmer Naturjoghurt (3,5% Fett)
kalorienfreier Süßstoff

Die Mandarinen schälen, in Spalten teilen und klein schneiden. Mit den Cornflakes in einer Schüssel mischen. Den Joghurt mit Süßstoff abschmecken und untermengen.

6 g Eiweiß, 3 g Fett, 22 g Kohlenhydrate (1,8 BE bzw. 2,0 KH-Portionen), 140 kcal

Mittagessen

Gefüllte Paprikaschote und Reis

2 EL Grünkern (20 g Trockengewicht)
1 TL Olivenöl (5 g)
1/2 kleine Zwiebel (ca. 20 g)
50 g gemischtes Hackfleisch
1 EL feingewiegte Petersilie
Pfeffer
Salz
Paprikapulver edelsüß
1 rote Paprikaschote (ca. 150 g)
50 g Naturreis (Rohgewicht)
Currypulver

18 g Eiweiß, 16 g Fett, 57 g Kohlenhydrate (4,4 BE bzw. 4,8 KH-Portionen), 453 kcal

Den Grünkern in warmem Wasser über Nacht einweichen. Am nächsten Tag abgießen, die Flüssigkeit auffangen.
Das Öl in einer beschichteten Pfanne erhitzen, die Zwiebel schälen, hacken und darin glasig dünsten. Den Grünkern dazugeben und 3 Minuten mitdünsten, 1 EL Einweichwasser dazugeben und das Hackfleisch einrühren. Mit Pfeffer, Salz und Paprika würzen.
Den Backofen auf 180 ° C vorheizen.
Die Paprikaschote waschen, den Stielansatz herausschneiden, oben flach einen Deckel abschneiden und die Frucht vorsichtig aushöhlen. Die Hackfleischmasse hineingeben, den Deckel darauf setzen und das Ganze in Alufolie einschlagen. Im Backofen auf mittlerer Einschubleiste 15 Minuten schmoren.
Inzwischen den Reis zubereiten: Das restliche Einweichwasser auf 150 ml auffüllen, mit etwas Salz zum Kochen bringen, den Reis einrühren und zugedeckt bei milder Hitze 18 Minuten ausquellen lassen. Mit Curry und Salz würzen.

Zwischenmahlzeit nachmittags

Apfelschnittchen

2 Scheiben Knäckebrot (à 10 g)
2 gehäufte EL Magerquark (60 g, 10 % F. i. Tr.)
1 kleiner Apfel (100 g)

10 g Eiweiß, 1 g Fett, 26 g Kohlenhydrate (2,2 BE bzw. 2,4 KH-Portionen), 160 kcal

Die Knäckebrote mit Quark bestreichen. Den Apfel waschen, vierteln, das Kerngehäuse herausschneiden, die Apfelstücke in feine Spalten schneiden und auf den Broten schuppenartig anordnen.

Abendessen

Kartoffeleintopf

300 g festkochende Kartoffeln
150 g Karotten
50 g Lauch
½ l Fleischbrühe (aus Würfel oder Instantpulver)
Pfeffer, Salz
1 EL gehackte Petersilie
2 EL saure Sahne (50 g, 10 % Fett)

Die Kartoffeln waschen schälen und in Würfel von 2 cm Kantenlänge schneiden. Die Karotten und den Lauch waschen, putzen und klein schneiden. Die Brühe aufkochen, das Gemüse hineingeben und zugedeckt bei milder Hitze 20 Minuten köcheln lassen.
Die Suppe mit einem Passierstab grob pürieren, mit Pfeffer und Salz abschmecken und die Petersilie untermischen. Die saure Sahne unterziehen.

13 g Eiweiß, 8 g Fett, 57 g Kohlenhydrate (4,0 BE bzw. 4,3 KH-Portionen), 359 kcal

Spätmahlzeit

Mandarinen

4 Mandarinen (ca. 150 g)

2 g Eiweiß, 0 g Fett, 13 g Kohlenhydrate (1,1 BE bzw. 1,2 KH-Portionen), 71 kcal

Insgesamt am 3. Tag:
64 g Eiweiß, 30 g Fett, 211 g Kohlenhydrate (16,5 BE bzw. 18,0 KH-Portionen), 1476 kcal

4. Tag

Frühstück

Käsebrötchen und Tomatensaft

1 Vollkorn-Baguettebrötchen (75 g)
1 TL Halbfettmargarine (5 g)
2 Scheiben Edamer (40 g, 30 % F. i. Tr.)
1 kleine Tomate (ca. 50 g)
200 ml Tomatensaft

18 g Eiweiß, 9 g Fett, 40 g Kohlenhydrate (3,1 BE bzw. 3,4 KH-Portionen), 313 kcal

Das Brötchen quer durchschneiden, eine Seite mit Halbfettmargarine bestreichen und mit Käse belegen.
Die Tomate waschen, abtrocknen, den Stielansatz herausschneiden und die Tomate in Scheiben schneiden. Auf dem Käse verteilen und die zweite Brötchenhälfte darauf legen.
Tomatensaft dazu servieren.

Zwischenmahlzeit vormittags

Bananenjoghurt

1 kleine Banane (100 g)
150 g gerührter Magermilch-joghurt (0,2% Fett)
kalorienfreier Süßstoff

7 g Eiweiß, 0,5 g Fett, 28 g Kohlenhydrate (2,3 BE bzw. 2,5 KH-Portionen), 137 kcal

Die Banane schälen, mit einer Gabel zerdrücken, unter den Joghurt mischen und das Ganze mit Süßstoff abschmecken.

Mittagessen

Nudelpfanne mit Geschnetzeltem

60 g Vollkornnudeln (Rohgewicht)
Salz
1 rote Paprikaschote (ca. 150 g)
200 g Zucchini
1 kleine Zwiebel (ca. 20 g)
100 g mageres Schweineschnitzel
1 TL Butterschmalz (5 g)
Pfeffer
je 1 Msp. getrocknetes Basilikum, Oregano, Thymian

Die Nudeln in gut 1 l kochendes Salzwasser geben und bissfest garen.
Die Paprikaschote und die Zucchini waschen, putzen und in feine Streifen oder kleine Würfel schneiden. Die Zwiebel schälen und hacken. Das Fleisch schnetzeln.
In einer beschichteten Pfanne das Butterschmalz erhitzen, die Zwiebel darin glasig dünsten, das Fleisch zugeben, mit Pfeffer, Salz und den Kräutern würzen und rundherum anbraten.
Das Gemüse zufügen und alles zugedeckt 5 Minuten dünsten.
Die Nudeln auf ein Sieb schütten, gut abtropfen lassen und untermischen.

35 g Eiweiß, 9 g Fett, 55 g Kohlenhydrate (3,9 BE bzw. 4,2 KH-Portionen), 443 kcal

Zwischenmahlzeit nachmittags

Maissalat

½ kleine Zwiebel (ca. 20 g)
100 g Maiskörner aus der Dose
2 kleine Tomaten (ca. 100 g)
Pfeffer, Salz

Die Zwiebelhälfte schälen und fein hacken. Den Mais abtropfen lassen und mit der Zwiebel mischen.
Die Tomaten waschen, mit Küchenpapier trockentupfen, vierteln, den Stielansatz jeweils herausschneiden und die Tomatenviertel klein schneiden. Unter den Mais mischen und alles mit Pfeffer und Salz würzen.

4 g Eiweiß, 2 g Fett, 24 g Kohlenhydrate (1,8 BE bzw. 1,9 KH-Portionen), 130 kcal

250 g mehlige Kartoffeln
150 g Magerquark (10 % F. i. Tr.)
3 EL gerührter Magermilchjoghurt (0,2 % Fett, 75 g)
Pfeffer, Salz
4 EL fein gewiegte, frische Kräuter (Schnittlauch, Petersilie, Dill etc.)
100 g Blattsalat (Kopfsalat, Endivien, Feldsalat, o. a.)
½ kleine Zwiebel (ca. 20 g)
100 g rote Paprikaschote
1 TL Weißweinessig
kalorienfreier Süßstoff
1 TL Olivenöl (5 g)

23 g Eiweiß, 6 g Fett, 49 g Kohlenhydrate (3,8 BE bzw. 4,1 KH-Portionen), 357 kcal

Abendessen

Pellkartoffeln mit Kräuterquark und Salat

Die Kartoffeln waschen und 20 bis 25 Minuten zugedeckt kochen.
Quark mit Joghurt glattrühren, mit Pfeffer, Salz und den Kräutern würzen und 150 Gramm für diese Mahlzeit abwiegen. Den Rest (ca. 75 g) für die 1. Zwischenmahlzeit am nächsten Tag aufheben. Den Salat waschen, putzen, auf einem Teller anrichten.
Die Zwiebelhälfte schälen und fein hacken. Die Paprikaschote waschen, vierteln, den Stielansatz, die Kerne und die weißen Innenteile entfernen und das Fruchtfleisch in dünne Streifen schneiden, auf den Salatblättern anordnen. Die Zwiebelstückchen darüber streuen.
Den Essig mit 1 EL Wasser verrühren, mit Pfeffer, Salz und Süßstoff würzen und das Öl untermengen. Die Marinade über den Salat träufeln.
Die Kartoffeln abgießen, mit Quark und Salat servieren.

150 g gerührter Magermilchjoghurt (0,2 % Fett)
3 EL Cornflakes (10 g)
kalorienfreier Süßstoff

5 g Eiweiß, 0 g Fett, 12 g Kohlenhydrate (1,0 BE bzw. 1,2 KH-Portionen), 72 kcal

Spätmahlzeit

Knusperjoghurt

Die Cornflakes unter den Joghurt mischen und das Ganze mit Süßstoff abschmecken.

Insgesamt am 4. Tag:
91 g Eiweiß, 27 g Fett, 208 g Kohlenhydrate (15,9 BE bzw. 17,2 KH-Portionen), 1452 kcal

5. Tag

Frühstück

Haferflockenmüsli mit Birne

30 g Vollkornhaferflocken
1 TL Weizenkleie (3 g)
1 EL geriebene Haselnüsse (10 g)
1 große Birne (ca. 150 g)
100 g gerührter Magermilchjoghurt (0,2% Fett)
kalorienfreier Süßstoff

Die Haferflocken mit Kleie und Haselnüssen mischen.
Die Birne waschen, mit Küchenpapier trockentupfen, den Stiel entfernen, die Frucht vierteln, das Kerngehäuse herausschneiden und das Fruchtfleisch klein schneiden.
Unter die Müsliflocken mischen, den Joghurt mit Süßstoff abschmecken und darüber geben.

10 g Eiweiß, 9 g Fett, 42 g Kohlenhydrate 3,5 BE bzw. 3,8 KH-Portionen), 295 kcal

Zwischenmahlzeit vormittags

Mehrkornbrötchen mit Kräuterquark

1 Mehrkornbrötchen (50 g)
3 EL Kräuterquark (Rest vom Vortag, siehe Abendessen 4. Tag)

Das Brötchen quer durchschneiden und den Kräuterquark auf beide Hälften verteilen.

11 g Eiweiß, 1 g Fett, 25 g Kohlenhydrate (2,1 BE bzw. 2,3 KH-Portionen), 163 kcal

Mittagessen

Kartoffelsalat und Wiener Würstchen

300 g möglichst kleine, festkochende Kartoffeln
1/2 kleine Zwiebel (ca. 20 g)
1/2 TL mittelscharfer Senf
Pfeffer, Salz
2 EL Schnittlauchröllchen
75 g gerührter Magermilch-joghurt (0,2 % Fett)
1 TL Zitronensaft
kalorienfreier Süßstoff
1 Paar fettreduzierte Wiener Würstchen (80 g)

21 g Eiweiß, 13 g Fett, 49 g Kohlenhydrate (4,1 BE bzw. 4,5 KH-Portionen), 432 kcal

Die Kartoffeln waschen und knapp mit Wasser bedeckt etwa 25 Minuten garen. Abschrecken, pellen und abkühlen lassen.
Die Kartoffeln in Scheiben schneiden. Die Zwiebelhälfte schälen, fein würfeln, zusammen mit Senf, Pfeffer, Salz und Schnittlauch unter den Joghurt mischen und mit Zitronensaft und Süßstoff abschmecken. Das Dressing unter die Kartoffeln heben und den Salat durchziehen lassen.
Inzwischen die Würstchen in Wasser erhitzen. Den Kartoffelsalat vor dem Servieren nochmals abschmecken.

Tipp: Fettreduzierte Wiener Würstchen finden Sie im Kühlregal. 100 Gramm enthalten etwa 195 kcal gegenüber 296 kcal bei normal hergestellten Wienern.
> Weichen Sie mittags 60 g Grünkernkörner für das Abendessen ein.

Zwischenmahlzeit nachmittags

Buttermilch-Bananenshake

1 kleine, vollreife Banane (100 g)
1 Spritzer Zitronensaft
175 ml Buttermilch
kalorienfreier Süßstoff

7 g Eiweiß, 1 g Fett, 28 g Kohlenhydrate (2,3 BE bzw. 2,5 KH-Portionen), 141 kcal

Die Banane schälen, mit einer Gabel zerdrücken und den Zitronensaft unterrühren. Die Buttermilch mit einem Schneebesen kräftig darunterquirlen und den Drink mit Süßstoff abschmecken.

Abendessen

Grünkern-Lauch-Gratin

Den Lauch waschen, sorgfältig putzen und in feine Scheiben schneiden.
In einem Topf die Margarine erhitzen. Den Grünkern abgießen, das Einweichwasser auffangen. Die abgetropften Körner in den Topf geben und unter Rühren bei milder Hitze andünsten.
Den Lauch zugeben und alles unter gelegentlichem Rühren zugedeckt 5 Minuten dünsten.
Den Backofen auf 180 °C vorheizen. Die Gemüsemischung mit Pfeffer, Muskat und Salz würzen, das Einweichwasser und die Instantbrühe einrühren und das Ganze in eine flache Auflaufform füllen.
Zugedeckt im Backofen 10 Minuten vorgaren, den Käse darauf verteilen und das Ganze etwa weitere 15 Minuten offen überbacken.

300 g Lauch (geputzt)
1 TL Pflanzenmargarine (5 g)
60 g Grünkern (Rohgewicht, mittags eingeweicht)
weißer Pfeffer, geriebene Muskatnuss, Salz
100 ml Einweichwasser
½ TL Instantbrühe (Pulver, 2 g)
2 EL geriebener Edamer (20 g, 40 % F. i. Tr.)

19 g Eiweiß, 12 g Fett, 48 g Kohlenhydrate (4,0 BE bzw. 4,4 KH-Portionen), 377 kcal

Spätmahlzeit

Tomaten-Knäckebrot

Eine Knäckebrotscheibe mit Margarine bestreichen. Die Tomate waschen, den Stielansatz herausschneiden, die Tomate in Scheiben schneiden und auf das Brot legen. Mit Pfeffer und Schnittlauch bestreuen und die zweite Scheibe darauf legen.

2 Scheiben Vollkornknäckebrot (20 g)
1 TL Halbfettmargarine (5 g)
1 Tomate (ca. 70 g)
weißer Pfeffer aus der Mühle
1 TL Schnittlauchröllchen

3 g Eiweiß, 2 g Fett, 15 g Kohlenhydrate (1,1 BE bzw. 1,2 KH-Portionen), 93 kcal

Insgesamt am 5. Tag:
67 g Eiweiß, 38 g Fett, 209 g Kohlenhydrate (17,1 BE bzw. 18,7 KH-Portionen), 1475 kcal

6. Tag

Frühstück

Schinkentoastbrot und Tomatensaft

2 Scheiben Vollkorntoastbrot (à 25 g)
2 TL Halbfettmargarine (10 g)
2 Scheiben gekochter Schinken ohne Fettrand (à 25 g)
1 kleine Scheibe Ananas aus der Dose (ungezuckert, 35 g)
200 ml Tomatensaft

20 g Eiweiß, 8 g Fett, 34 g Kohlenhydrate (2,6 BE bzw. 2,8 KH-Portionen), 289 kcal

Die Brotscheiben rösten, mit Margarine bestreichen und jeweils mit einer Scheibe Schinken belegen.
Die Ananasscheibe halbieren und je eine Hälfte auf den Schinken legen.
Tomatensaft dazu servieren.

Zwischenmahlzeit vormittags

Birnen-Nuss-Joghurt

1 vollreife Birne (ca. 125 g)
1 TL geriebene Haselnüsse (5 g)
1 TL Weizenkleie (3 g)
150 g gerührter Magermilchjoghurt (0,2% Fett)
kalorienfreier Süßstoff

8 g Eiweiß, 4 g Fett, 23 g Kohlenhydrate (1,9 BE bzw. 2,1 KH-Portionen), 162 kcal

Die Birne waschen, trockentupfen, vierteln, Stiel und Kerngehäuse entfernen und die Fruchtstücke klein schneiden. Zusammen mit den Nüssen und der Kleie unter den Joghurt mischen und das Ganze mit Süßstoff abschmecken.

Mittagessen

Nudeln mit Pilzen

60 g Vollkornnudeln (Rohgewicht, z. B. schmale Bandnudeln oder Spiralen)
200 g frische Champignons
1 kleine Zwiebel (ca. 40 g)
1 TL Pflanzenmargarine (5 g)
100 g TK-Erbsen
2 EL Sahne (40 % Fett, 20 g)
weißer Pfeffer
1 Prise Instantbrühe (Pulver)
Salz
1 EL Schnittlauchröllchen

Die Nudeln in gut 1 l kochendes Salzwasser geben und bissfest garen.
Die Pilze waschen, putzen und blättrig schneiden. Die Zwiebel schälen und fein würfeln.
In einem Topf die Margarine erhitzen, die Zwiebelwürfel glasig dünsten, die Pilze und die TK-Erbsen hinzufügen. Alles zugedeckt 3 Minuten dünsten, die Sahne zugeben und mit Pfeffer, Instantbrühe und Salz würzen. Zugedeckt 5 Minuten leise köcheln lassen.
Die Nudeln auf ein Sieb schütten, gut abtropfen lassen und unter das Gemüse mischen. Mit Schnittlauch bestreut servieren.

21 g Eiweiß, 17 g Fett, 51 g Kohlenhydrate (4,2 BE bzw. 4,6 KH-Portionen), 444 kcal

Zwischenmahlzeit nachmittags

Keksburger

4 Vollkornbutterkekse (20 g)
2 EL Magerquark (50 g)
1 Scheibe Ananas aus der Dose (ungezuckert, 35 g)

Zwei Kekse mit Quark bestreichen und mit je einer halben Scheibe Ananas belegen. Die anderen Kekse darauf setzen.

8 g Eiweiß, 4 g Fett, 18 g Kohlenhydrate (1,5 BE bzw. 1,6 KH-Portionen), 146 kcal

Abendessen

Chinesische Reispfanne

10 g chinesische Trockenpilze
50 g Naturreis (Rohgewicht)
Salz
1 Stück Lauch (100 g)
100 g Karotten
1 TL Olivenöl (5 g)
50 g Bambussprossen (aus dem Glas)
2 – 3 EL Soja- oder Mungobohnenkeimlinge (30 g, aus dem Glas)
Pfeffer, 1 Prise Ingwer
1 Msp. Curry, ½ TL Sojasauce
1 EL Sahne (40 % Fett, 10 g)

13 g Eiweiß, 11 g Fett, 53 g Kohlenhydrate (3,6 BE bzw. 4,0 KH-Portionen), 365 kcal

Die Pilze 30 Minuten einweichen, abgießen, die Flüssigkeit auffangen und mit Wasser auf 200 ml auffüllen. In einem Topf aufkochen und den Reis sowie etwas Salz dazu geben. Aufkochen lassen und zugedeckt 20 Minuten bei schwacher Hitze ausquellen lassen.
Das Gemüse waschen, putzen und in sehr feine Streifen schneiden. Die Pilze ebenfalls in Streifen schneiden.
Das Öl in einer beschichteten Pfanne erhitzen, Gemüse und Pilze unter Rühren 5 Minuten andünsten, die Bambussprossen in Stifte schneiden und zusammen mit den Keimlingen zum Gemüse geben. Alles kurz durchköcheln lassen, würzen und Sojasauce sowie Sahne untermischen. Den fertigen Reis unter das Gemüse mischen.

Spätmahlzeit

Birnensalat

1 vollreife Birne (ca. 125 g)
1 TL Weizenkleie (ca. 3 g)
1 EL Cornflakes (ca. 3 g)

1 g Eiweiß, 0,5 g Fett, 18 g Kohlenhydrate (1,5 BE bzw. 1,6 KH-Portionen), 85 kcal

Die Birne waschen, vierteln, den Stiel und das Kerngehäuse entfernen und die Fruchtstücke klein schneiden. Mit Kleie und Cornflakes mischen.

Insgesamt am 6. Tag:
72 g Eiweiß, 44 g Fett, 198 g Kohlenhydrate (15,3 BE bzw. 16,7 KH-Portionen), 1491 kcal

7. Tag

Frühstück

Käsebrot und Ananasshake

1 Scheibe Roggenbrot (45 g)
1 TL Halbfettmargarine (5 g)
1 Scheibe Edamer (20 g, 30 % F. i. Tr.)
1 Tomate (ca. 70 g)
2 kleine Scheiben Ananas aus der Dose (ungezuckert, à 35 g)
1 TL Schmelzflocken (3 g)
150 ml Buttermilch
kalorienfreier Süßstoff

Das Brot mit Margarine bestreichen und den Käse darauf legen. Die Tomate waschen, den Stielansatz herausschneiden, die Tomate in Scheiben schneiden und auf das Brot legen.
Die Ananasscheiben klein schneiden, zusammen mit den Schmelzflocken in ein hohes Rührgefäß geben und mit einem Passierstab pürieren. Die Buttermilch unterrühren und den Drink mit Süßstoff abschmecken.

14 g Eiweiß, 8 g Fett, 39 g Kohlenhydrate (3,3 BE bzw. 3,5 KH-Portionen), 291 kcal

Zwischenmahlzeit vormittags

Ananasbrot

1 Scheibe Roggenbrot (45 g)
1 gehäufter EL Magerquark (30 g, 10 % F. i. Tr.)
2 kleine Scheiben Ananas aus der Dose (ungezuckert, à 35 g)

Das Brot mit dem Quark bestreichen und die Ananasscheiben darauf legen.

7 g Eiweiß, 1 g Fett. 31 g Kohlenhydrate (2,6 BE bzw. 2,8 KH-Portionen), 158 kcal

Mittagessen

Berner Rösti und Tomaten

300 g festkochende Kartoffeln
1 kleine Zwiebel (ca. 40 g)
75 g gekochter Schinken in Scheiben, ohne Fettrand
Pfeffer
geriebene Muskatnuss
Salz
1 EL Butterschmalz (10 g)
1 EL Schnittlauchröllchen
200 g Tomaten

31 g Eiweiß, 13 g Fett, 51 g Kohlenhydrate (3,8 BE bzw. 4,1 KH-Portionen), 458 kcal

Die Kartoffeln waschen, schälen und grob raspeln. Den Schinken in feine Streifen schneiden und untermengen. Mit Pfeffer, Muskat und Salz würzen. Die Zwiebel schälen und fein hacken.
Das Butterschmalz in einer beschichteten Pfanne erhitzen. Die Zwiebel andünsten, Kartoffelteig in der Pfanne ausbreiten und anbraten, gelegentlich durchrühren. Das Rösti einmal wenden und von der anderen Seite braten. Zum Schluss mit Schnittlauch bestreuen.
Die Tomaten waschen, mit Küchenpapier trockentupfen, die Stielansätze herausschneiden und die Tomaten in Scheiben schneiden. Leicht würzen und mit den Rösti anrichten.

Zwischenmahlzeit nachmittags

Ananasjoghurt

2 kleine Scheiben Ananas aus der Dose (ungezuckert, à 35 g)
150 g gerührter Magermilchjoghurt (0,2% Fett)
3 EL Cornflakes (10 g)
kalorienfreier Süßstoff

7 g Eiweiß, 0,5 g Fett, 24 g Kohlenhydrate (1,0 BE bzw. 1,1 KH-Portionen), 131 kcal

Die Ananasscheiben klein schneiden, den Joghurt sowie die Cornflakes untermischen und mit Süßstoff abschmecken.

Abendessen

Linsensuppe mit Gemüse

70 g getrocknete Linsen
100 g Karotten
50 g Lauch
½ l Fleischbrühe (aus Würfel oder Instantpulver)
Pfeffer
geriebene Muskatnuss, Salz
1 EL gehackte Petersilie
30 g saure Sahne (10 % Fett)

Die Linsen abbrausen. Das Gemüse waschen, putzen, die Karotten schälen, dann das Gemüse in feine Streifen schneiden.
Zusammen mit den Linsen zur Brühe geben, aufkochen und zugedeckt 25 Minuten köcheln lassen.
Die Suppe mit einem Passierstab grob pürieren, mit Pfeffer, Muskat und Salz würzen.
Die Petersilie und die saure Sahne unterziehen.

22 g Eiweiß, 6 g Fett, 46 g Kohlenhydrate (15,3 BE bzw. 16,6 KH-Portionen), 341 kcal

Spätmahlzeit

Apfel

1 Apfel (ca. 150 g)

0,5 g Eiweiß, 1 g Fett, 16 g Kohlenhydrate (1,3 BE bzw. 1,5 KH-Portionen), 81 kcal

Insgesamt am 7. Tag:
80 g Eiweiß, 30 g Fett, 206 g Kohlenhydrate (15,3 BE bzw. 16,6 KH-Portionen), 1460 kcal

Literatur

Diabtes - Was tun? Kirchheim + Co GmbH, Mainz

Für Klinik und Praxis: Diabetes mellitus; Beilage zur Deut. Med. Wschr. 42, 1997

H.P.T. Ammon, H.-U. Häring: *Antidiabetika. Diabetes mellitus und Pharmakotherapie.* Wissenschafts-Verlag. Stuttgart, 2000

E. Bahlo, H. Jäger: *Die diabetische Polyneuropathie.* SMVerlagsgesellschaft mbH. Gräfelfing, 1997

W. Beischer et al.: *Der diabetische Fuß 1.* Pathogenese und Diagnostik. Internistische Praxis 33, 1993

Sonja Carlsson: *Kalorien- und Nährstofftabellen für die Praxis.* Seehamer Verlag Weyarn, 1999

M. Edmonds: *Diabetes im Bild 24: Der diabetische Fuß.* Hoechst AG

Marie-Luise Götz / Prof. Dr. Udo Rabast: *Diättherapie.* Thieme Verlag Stuttgart-New York, 1987

Prof. Dr. Heinrich Kasper: *Ernährungsmedizin und Diätetik.* Urban & Schwarzenberg München-Wien-Baltimore, 1996

Prof. Dr. Heinrich Kasper / Prof. Dr. Reinhold Kluthe: *Kohlenhydrate in der Ernährungsmedizin unter besonderer Berücksichtigung des Zuckers* Supplement zur Aktuellen Ernährungsmedizin Thieme Verlag Stuttgart, 1996

Prof. Dieter Klaus: *Diabetes und Hochdruck im Alter.* Druckpunkt 4/ 94. Hrsg: Dt. Hochdruck-Liga Heidelberg

Prof. Dr. L. Kohlmeier et alt.: *Ernährungsabhängige Krankheiten und ihre Kosten.* Hrsg.: Bundesministerium für Gesundheit, Bonn. Nomos Verlags GmbH & Co. KG, Baden-Baden, 1993

H. Mehnert: *Stoffwechselkrankheiten Grundlagen - Diagnostik - Therapie.* Thieme-Verlag

H. Mehnert, H.J. Rüßmann: *Wirtschaftliche Therapie mit oralen Antidiabetika.* SMVerlagsgesellschaft mbH. Wessobrunn, 1998.

H. Mehnert, E. Standl, K.-H. Usadel: *Diabetologie in Klinik und Praxis.* Thieme Verlag. Stuttgart, 1999

Prof.Dr. med. Rüdiger Petzold: *Sprechstunde Diabetes.* Gräfe & Unzer-Verlag München, 1995

Prof. Dr. med. Rüdiger Petzold: *Prinzipien der Therapie des Diabetes mellitus.* Aktuelle Ernährungsmedizin 1/92. Thieme Verlag Stuttgart

H. Reike: *Das diabetische Fuss-Syndrom.* SMVerlagsgesellschaft mbH. Gräfelfing, 1997

Waltraud Schumacher / Dr. med. Monika Toeller: *KH-Tabelle.* Verlag Kirchheim, Mainz 1995

W. Siegenthaler, W. Kaufmann, H. Hornbostel, H.D. Waller: *Lehrbuch der inneren Medizin.* Georg Thieme Verlag. Stuttgart - New York

Dr. med. Monika Toeller: *Ernährungsverhalten von Diabetikern.* Ernährungs-Umschau 11/91. Umschau-Verlag Frankfurt

Dr. med. Monika Toeller: *Wie sollen sich Diabetiker ernähren?.* Ernährungs-Umschau 11/94. Umschau-Verlag Frankfurt

Dr. med. Monika Toeller: *Ernährungsempfehlungen für Diabetiker 1995.* Ernährungs-Umschau 9/95. Umschau-Verlag Frankfurt

Dr. med. G. Wolff: *Ernährung bei Diabetes mellitus* Ernährungs-Umschau 7/94. Umschau-Verlag Frankfurt

Adressen, die weiterhelfen:

Deutsche Gesellschaft für Ernährung e.V.(DGE)
(nur Faltblatt, keine Tel.-Auskunft)
Postfach 930201 (Im Vogelsgesang 40)
60457 Frankfurt/Main (60488 Frankfurt/Main)
Tel. 069/976803-0
Fax 069/976803-99
http.://www.dge.de

AOK-Bundesverband
Kertrijker Str. 1
53177 Bonn
Tel. 0228/843-0
Fax 0228/843-502

Barmer Ersatzkasse (Hauptverwaltung)
Untere Lichtenplatzer Str. 100-102
42289 Wuppertal
Tel. 0202/568-0
Fax 0202/568-1459

Hessische Arbeitsgemeinschaft für Gesundheitserziehung e.V.
Heinrich-Heine-Str. 44
35039 Marburg
Tel. 06421/6007-0
Fax 06421/6007-11

Deutscher Diabetiker Bund
Danziger Weg 1
58511 Lüdenscheid
Tel. 02351/98915-3
Fax 02351/98915-0
email: deutscherdiabetikerbund.bv@t-online.de

Deutsche Diabetes-Gesellschaft
Geschäftsstelle
Bürkle de la Camp-Platz 1
44789 Bochum
Tel. 0234/93095-6
Fax 0234/93095-7
http.://www.deutsche-diabetes-gesellschaft.de
email: deutsche-diabetes-ges.ddg@t-online.de

Förderkreis Eltern diabetischer Kinder und Jugendlicher e.V. (Privatinitiative)
Herr Liebrecht
Ochsenberg 23
67659 Kaiserslautern
Tel. 0631/42422

Bund diabetischer Kinder und Jugendlicher e.V.
Deutscher Diabetiker-Verband e.V.
Hahnbrunner Str. 46
67659 Kaiserslautern
Tel. 0631/76488
Fax 0631/97222

Bundesverband der Insulinpumpenträger e.V.
Reinekestr. 31
51145 Köln
Tel. 02203/25862
Fax 02203/27100

Berliner Fördergemeinschaft junger Diabetiker e.V.
Lepsiusstr. 49
12163 Berlin
Tel. 030/69503-689
Fax 030/69503-699

Arbeitskreis der Pankreatektomierten e.V.
(für Bauchspeicheldrüsenoperierte)
Krefelder Str. 52
41539 Dormagen
Tel. 02133/42-329
Fax 02133/42-691

Rezeptregister

Die mit * gekennzeichneten Rezepte gehören zur 7-Tage-Diät zur Gewichtsreduktion

Frühstücke, Zwischen- und Spätmahlzeiten

Ananasbrot* 167
Ananasjoghurt* 168
Apfel-Müsli* 152
Apfel-Trauben-Drink 48
Apfelmus, Brot mit 41
Apfelschnittchen* 156
Banane mit Cornflakes 47
Bananenbrot und Vanille-Milchshake* 148
Bananenbrot, Herzhaftes 41
Bananenjoghurt* 158
Bananenshake mit Weizenkleie* 153
Bananentoast 46
Birnen-Nuss-Joghurt* 144
Birnensalat* 166
Brot mit Apfelmus 41
Brot mit Paprikacreme und Ei 44
Buttermilch-Bananenshake* 162
Champignonrührei, Toastbrot mit 43
Cornflakes mit Banane 47
Erdbeer-Joghurt-Müsli 47
Erdbeerbrot 40
Frischkäse, würziger mit Vollkornbrötchen 42
Fruchtjoghurt* 150
Frühstücksquark, Kerniger auf Knäckebrot 45
Gesundheitsfrühstück 40
Gurken-Kräuter-Drink 49
Haferflockenmüsli mit Birne* 161
Hamburger Mettbrötchen mit Gemüsedrink 43
Herzhafter Käsetoast mit Birne 46
Herzhaftes Bananenbrot 41
Karottendrink „Vitaminchen“ 48
Käsebrot und Ananasshake* 167
Käsebrötchen und Tomatensaft* 158
Käsebrotzeit* 154
Käseknäcke mit Tomaten- und Gurkenscheiben 45
Käsetoast, Herzhafter mit Birne 46
Keksburger* 165
Kerniger Frühstücksquark auf Knäckebrot 45
Knusperjoghurt* 160
Kräuter-Gurken-Drink 49
Maissalat* 159
Mandarinen-Knusperjoghurt* 155
Mandarinensalat* 151
Mehrkornbrötchen mit Kräuterquark* 161
Mettbrötchen, Hamburger mit Gemüsedrink 43
Müsli, Apfel-* 152
Müsli, Erdbeer-Joghurt- 47
Paprikacreme und Ei, Brot mit 44
Paprikadrink „Manolito“ 50
Radieschenbrot* 148
Schinken- und Käsespitzle 42
Schinkenbrot* 152
Schinkentoastbrot und Tomatensaft* 164
Toastbrot mit Champignonrührei 43
Toastbrot mit Ei und Banane* 155
Tomaten-Knäckebrot* 163
Trauben-Apfel-Drink 48
Vollkornbrötchen mit würzigem Frischkäse 42

Suppen und Eintöpfe

Feine Tomatensuppe 55
Gemüsecremesuppe 53
Karottencremesuppe 54
Kartoffeleintopf* 157
Kartoffelsuppe 58
Kräutercremesuppe 56
Leberknödelsuppe 52
Linseneintopf 60
Linsensuppe mit Gemüse* 169
Nudeleintopf mit Gemüse 59

Rindfleischsuppe mit Grießklößchen 51
Spargelsuppe 57
Tomatencremesuppe mit Croutons* 149
Tomatensuppe, Feine 55

Salate, Vorspeisen und Snacks

Argentinischer Maissalat 69
Baguette, Gefülltes 86
Birnensalat* 166
Blattsalat mit Vinaigrette und Knoblauchcroutons 61
Bunter Partysalat 66
Fladenbrot, Knuspriges mit Gurken und Schafskäse 87
Frischkäsetaler 83
Geflügelpastete 82
Geflügelsalat auf leichte Art 77
Gefüllte Gurkenstücke 79
Gefüllte Kartoffeln 77
Gefüllte Tomaten auf Maissalat 78
Gefülltes Baguette 86
Griechischer Salat mit Schafkäse 71
Gurkensalat mit Sauerrahmdressing 62
Gurkenstücke, Gefüllte 79
Heiße Pfeifen 84
Heringssalat mit Roten Beten 76
Kartoffeln, Gefüllte 77
Kartoffelsalat mit Endivien 67
Käsesandwich 85
Käsetoast 80
Knuspriges Fladenbrot mit Gurken und Schafkäse 87
Maissalat mit Paprika 68
Maissalat* 159
Maissalat, Argentinischer 69
Mittelmeersalat 70
Nudelsalat auf leichte Art 72
Nudelsalat mit Schinken 73
Omelette mit Gemüsestreifen 81
Partysalat, Bunter 66
Pfeiffen, Heiße 84
Pizzatoast 80
Reissalat auf asiatische Art 74
Reissalat mit Hähnchenfleisch 75
Rote Bete-Salat 64
Spargelsalat 63
Tomaten, Gefüllte auf Maissalat 78
Waldorfsalat auf leichte Art 65

Hauptgerichte warm und kalt

Basmati-Pilz-Ragout 114
Berner Rösti und Tomaten* 168
Blumenkohl mit Käsesauce 94
Brokkoli-Kartoffel-Gratin* 153
Bunte Kalbfleischspießchen 125
Bunter Nudelsalat* 150
Cannelloni mit Frischkäsefüllung 112
Cannelloni mit Gemüsefüllung 111
Champignonpuffer mit Kräuterquark 89
Champignons mit kerniger Kräuterfüllung und Feldsalat 90
Chinesische Reispfanne* 166
Entenbrust auf Ingwer-Gemüse-Nudeln 130
Fenchel unter der Kartoffelhaube 102
Fenchel, Überbackener 96
Fleischröllchen, Überbackene mit Rosmarinkartoffeln 122
Forellen, Gebackene mit Kartoffeln 137
Garnelen, Gegrillte mit grünen Bohnen 139
Gebackene Forellen mit Kartoffeln 137
Gefüllte Gemüsezwiebeln mit Champignon-Käsekruste 92
Gefüllte Paprikaschote und Reis* 156
Gefüllte Wirsingbällchen 126
Gegrillte Garnelen mit grünen Bohnen 139
Gemüselasagne 104
Gemüsezwiebeln, Gefüllte mit Champignon-Käsekruste 92

Getreidebratlinge 117
Grünkern-Lauch-Gratin* 163
Gulasch mit Kürbis 119
Hähnchengeschnetzeltes mit
Ananas und Gemüse 131
Kalbfleischspießchen, Bunte 125
Kartoffel-Kraut-Pfanne 103
Kartoffel-Lauch-Gratin 99
Kartoffelpfanne, Mediterrane 101
Kartoffelpfanne mit Käse 97
Kartoffelpuffer mit Frischkäse
und Crevetten 105
Kartoffelsalat und Wiener Würstchen* 162
Kohlrabigratin 93
Kürbis-Karotten-Auflauf 95
Lachsfilets, Pochierte mit rotem
Zwiebelgemüse 132
Lammpilaw 128
Lammragout mit Kardamom
und Koriander 129
Lauchtorte 118
Lengfisch mit Kräuter-Nuss-Kruste 133
Makrelen, Überbackene mit
Kräuterkartoffeln 136
Marinierte Rotbarschfilets mit
Folienkartoffeln 135
Matjes mit Dillcreme und Pellkartoffeln 138
Medaillons auf Toast, überbacken 124
Mediterrane Kartoffelpfanne 101
Meeresfrüchte mit Bandnudeln 140
Moussaka, Vegetarische 98
Nudel-Gemüserolle mit Austernpilzragout 106
Nudelgratin 110
Nudeln mit Knoblauch und Basilikum 108
Nudeln mit Pilzen* 165
Nudelpfanne mit Geschnetzeltem* 159
Nudelsalat, Bunter* 150
Paprikaschote, Gefüllte und Reis* 156
Pellkartoffeln mit Kräuterquark und Salat* 160
Pilzpfanne 88
Pochierte Lachsfilets mit rotem
Zwiebelgemüse 132
Putenschnitzel mit Champignons
und Kartoffelpüree* 149
Reispfanne mit chinesischen Pilzen
und Sprossen 116
Reispfanne, Chinesische* 166
Reistopf mit grünem Spargel 115
Rindfleischtopf mit Gemüse 123
Risi Bisi 113
Rösti mit Gemüse 100
Rösti, Berner mit Tomaten* 168
Rotbarschfilets, Marinierte mit
Folienkartoffeln 135
Schinkennudeln 108
Schweinegeschnetzeltes mit buntem Reis 120
Seelachsfilets mit gefüllten Champignions,
Tomaten und Kartoffeln 134
Spaghetti mit Karottensauce 103
Spargel in Haferpfannkuchen 91
Süßsaurer Fleischtopf 121
Überbackene Fleischröllchen mit
Rosmarinkartoffeln 122
Überbackene Makrelen mit
Kräuterkartoffeln 136
Überbackener Fenchel 96
Vegetarische Moussaka 98
Vollkornspaghetti alla Carbonara 109
Wirsingbällchen, Gefüllte 126

Desserts

Beerensülze mit Häubchen 145
Exotenteller mit Knusperflocken 146
Himbeertraum 142
Kirschbecher, Westfälischer 144
Knusper-Bratäpfel 144
Orangen-Frischkäse-Creme 143
Quarkcreme mit Pfirsichen 141
Westfälischer Kirschbecher 144